U0509108

《中国电影金鸡奖访谈录》
编辑委员会

主　　任：曹　寅

副 主 任：张　玲　王平久

编　　委：董瑞峰　李　玮　王国伟　孙一娜　段　嵘　王　岩
王　程　孟　娟　丁晓娇　赵智杨

主　　编：蓝　羽

编　　辑：孟　娟　丁晓娇　赵智杨　周　敏　宋子文　王家祥
韩东君　黄　勇　王　瑞　乔骏阳　胡俊豪　程艺佳
李颖琪　张雨凝　边正斯　王大陆　李西叶　胡　湃

专题片《金鸡奖访谈录》
主创团队

出 品 人：曹　寅

总 监 制：张　玲　王平久

监　　制：董瑞峰　李　玮　孙一娜　段　嵘

总 策 划：王平久

总制片人：王　岩

主 持 人：蓝　羽

制 片 人：孟　娟　丁晓娇　赵智杨

执行制片人：温春林

策　　划：宋子文　王家祥　黄　勇　韩东君

主　　编：肖金石　魏　柳　王凌云　杨　阳

编　　导：温春林　霍艺楠　邹大锐　徐玉凡　喻冰妍　赵　诚
于　佳　徐　嘉　陈艺媛　王虹雨　郝煜涵　苗　月
孙　悦

摄　　像：曹　鹏　王建勋　邵小涛　王　艺　刘　彬　宣　勇
刘亚垒　张君浩　陈思宇　林　鹏　林长冬　冯向全
贾　磊

外　　联：王　晶　孙美利　任　博　李一娜

后　　期：李克军　石晓克　闫　洲　刘立强

包　　装：董国强　侯文彪　李　伟

配　　音：曹治华

中国电影金鸡奖访谈录

《中国电影报道》栏目组 编著

人民出版社

责任编辑：刘　伟
装帧设计：汪　莹

图书在版编目（CIP）数据

中国电影金鸡奖访谈录 /《中国电影报道》栏目组 编著 . — 北京：人民出版社，2023.11

ISBN 978 – 7 – 01 – 026059 – 4

I. ①中…　II. ①中…　III. ①电影工作 – 文艺工作者 – 访问记 – 中国 – 现代　IV. ① K825.78

中国国家版本馆 CIP 数据核字（2023）第 194230 号

中国电影金鸡奖访谈录

ZHONGGUO DIANYING JINJIJIANG FANGTANLU

《中国电影报道》栏目组　编著

人民出版社 出版发行
（100706　北京市东城区隆福寺街 99 号）

中煤（北京）印务有限公司印刷　新华书店经销

2023 年 11 月第 1 版　2023 年 11 月北京第 1 次印刷
开本：710 毫米 ×1000 毫米 1/16　印张：20.5
字数：245 千字

ISBN 978 – 7 – 01 – 026059 – 4　定价：108.00 元

邮购地址 100706　北京市东城区隆福寺街 99 号
人民东方图书销售中心　电话（010）65250042　65289539

目　录
CONTENTS

（以受访时间先后排序）

序

我不知道哪来的勇气，在中国电影金鸡奖四十周年之际，走近那么多的电影艺术家。在这个过程中，我常常纠正，这不是采访，更不是“对话”，而是一次“心灵之旅”。在我面前这些人，应该是用平视的目光去交流。坦诚地说，我做不到，因为他们的人生，他们的电影，实在是太精彩了。他们每个人都是一本书，都是一个航标，都是勇往直前的时代浪花。那些采访的日子，始终是兴奋的，也始终是忐忑的，始终有欢笑，始终有泪水，始终是幸福的，始终是幸运的。

电影是什么？生活是什么？这些答案可以有千百种形容。而经历这些采访的日子以后，我的答案很简单，电影是他们，生活是他们。他们在银幕前，在银幕后，都是美学，都是哲理，都是对中国电影最好的注解。每一次采访，每一部电影，每一个角色，每一种人生，我拼命地做着访前准备，生怕漏掉细节，几乎看完了他们所有人的代表作，也看了许许多多之前的访问，希望为观众呈现一场场专业、动人的对话。很多时候，出于职业素养我努力地藏着自己的眼泪，但是却无数次在心底为他们对电影事业的执着与热爱流淌热泪。

是的，在“中国电影金鸡奖访谈录”中，我想通过这些电影人去回望中国电影，山道弯弯，河水流淌。这种回望是一种力量，是见证，是精神。他们中间，有编剧、摄影、录音、美术、导演、演员等等。我们之间提得最多的词汇是“热爱”和“坚守”，最震撼的是大家举着自己的金鸡奖杯拍照的环节，他们高高举起，像举起一座座山峰。中国电影从无到有，从高原到高峰，正是这样的一代代人的前仆后继、根脉传承，正是一部部留得住、传得开、叫得响的精品力作留在观众的脑海里，中国电影才花开四季，常开常新。在 2021 年金鸡奖颁奖典礼的最后，当大屏幕出现这些电影人捧着金鸡奖的照片的时候，四十不惑的金鸡奖绽放着岁月的光芒，那些画面，那些花絮，那些分秒，在台上主持这场活动的我，泪目了。那是幸福，是激动，是感恩，是一幕幕的再现。那天，是张艺谋导演“十全十美”的时刻，他第十次领取金鸡奖。发表获奖感言时，他的目光看着我，说这是我采访时与他笑约的“十全十美”的祝愿。而美好就是这样，总能如约而至……

这个“金鸡奖访谈录”系列节目是在《中国电影报道》的《蓝羽会客厅》栏目播出。八年里，我在这里与几百位电影人相见、畅谈、分享。电影的时光像午后的太阳，漫过我们彼此的心灵，那么地温暖，那么地美好。做这个系列访谈录，从策划到完成不到一个月的时间，大家都说有些“匆忙”。忙的确有些忙，忙得我们《中国电影报道》的同事们没日没夜，废寝忘食。但这个想法是我们早有的愿望，并不是“匆匆”而作，只是因生敬畏，不敢上马，至今如梦。正如这些电影人所说的，如果你真的热爱，就全心投入，一切皆有回响。因为“热爱”，这次我们留下许多感人的故事，许多珍贵的影像资料，还有那些对电影的“勇敢”。感谢接受采访的电影人们，谢谢你们的真诚，谢谢你们的故事一次又一次地感动我，更谢谢你们为中国电影做了那么多。感谢我亲爱的同事们，我在幕前，你们在幕后，但是在观众心里，你们是最棒的！

生活，就是这样一幕幕出现在电影里，美好仍在继续。大家好，我是电影频道主持人蓝羽，明天见！

导　言

对话金鸡影人　记录电影荣光

金鸡啼晓，唤醒中国电影每一个早晨；
步履不停，在流金岁月中与时代同行。

中国电影金鸡奖是权威的专业奖，承载着无数电影人的光荣与梦想。电影频道王牌团队《中国电影报道》特别推出《蓝羽会客厅》

• 倪萍做客《蓝羽会客厅》讲述和金鸡奖的情缘

特别节目“金鸡奖访谈录”，于2021年12月1日在CCTV-6电影频道播出。曾经多次主持金鸡奖颁奖典礼，见证中国电影人荣耀时刻的主持人蓝羽与金鸡奖荣誉获得者面对面，共忆中国电影的光辉旅程。通过这次对话金鸡获奖影人，能让亿万观众感受到他们对电影的初心、热爱和坚守。中国电影的发展，需要的是专业、敬业的精神和对行业永远的敬畏、信仰，这样才能推动中国从电影大国走向电影强国。

写给金鸡奖的情书

从1981年创办以来，金鸡奖伴随着无数中国电影人为了梦想勇敢追寻。“金鸡奖访谈录”邀请到的嘉宾中，既有曾经创作出诸多经典影片的前辈影人，也有当下依然活跃在创作一线的生力军。其中，

• 演员邓超做客《蓝羽会客厅》

包括表演艺术家王铁成、奚美娟，导演艺术家丁荫楠、肖桂云、尹力，以及演员出身的邓超、陈建斌，新人导演文牧野等等，涵盖老中青三代电影人，台前幕后皆有代表。

他们是金鸡奖荣誉的获得者，是中国电影砥砺奋进道路上的开拓者，是时代的倾听者、记录者、歌颂者。他们与金鸡奖的故事，是中国影坛最迷人的光影传奇。在这值得纪念的时刻，他们相聚《蓝羽会客厅》，倾诉与中国电影的不解情缘。

见证中国电影不凡征程

中国电影始终跟祖国的发展息息相关。金鸡奖四十余年，几代人用光影记录改革开放以来经济、社会和文化领域的巨大变革，见证了中国电影飞速发展；用电影书写时代浪漫，在流金岁月中与奇迹同行。

• 导演丁荫楠做客《蓝羽会客厅》

留给中国电影的“口述史”

金鸡奖风雨兼程的历程，电影人鲜活生动的台前幕后故事，都是

• 导演肖桂云聊金鸡奖获奖影片《开国大典》

• 美术师霍廷霄回忆金鸡奖往事

中国电影宝贵的历史和精神财富。

电影频道自创立以来，对于金鸡奖评选、获奖影人的报道从未间断，积累了大量珍贵的视频资料。此次，电影频道《中国电影报道》栏目更是派出最强实力的大型专题制作团队，策划推出了《蓝羽会客厅》特别节目"金鸡奖访谈录"，这是对中国电影金鸡奖的一次记录整理，是留给行业和未来的一份珍贵记忆，更是向中国电影的致敬。

• 录音师陶经做客《蓝羽会客厅》

访谈录

中国电影金鸡奖 40年 CHINA GOLDEN ROOSTER AWARDS

倪萍

中国电影
金鸡奖

CHINA GOLDEN ROOSTER AWARDS

倪萍：

从最美主持人到最佳女主角

倪萍不仅是家喻户晓的主持人，也是收获很多奖项的演员，她曾以电影《美丽的大脚》获得第 22 届中国电影金鸡奖最佳女主角，是国内主持人中唯一的最佳女主角得主。

从主持人重回大银幕，倪萍如何转型“美丽的大脚”

《美丽的大脚》是倪萍从主持人身份重返大银幕的第一部电影，她坦言，当时压力很大。“那时候很多人都怀疑，我记得张国立说，谁叫倪萍演电影谁就砸，观众能忘了她做主持那个形象啊？”倪萍担心观众不认可她的表演，后来得到金鸡奖评委们的肯定，她才放心。

倪萍饰演的角色叫张美丽，是一名知识文化水平不高的乡村教师，她唯一出众的地方就是那双能穿 43 码鞋的大脚。她淳朴善良，

• 倪萍出演《美丽的大脚》

一心想让村里的孩子接受良好的教育。为贴近这个角色，倪萍刻苦准备、狠下功夫。她提前到西北下乡体验生活，每天在太阳底下暴晒，晒到皮肤黝黑，脸颊起皮。为褪去主持人的形象光环，导演杨亚洲提议她学说陕北话。

开拍前两个月，倪萍每天都要学。到开拍时导演说她的口音还停留在河南，拍到最后，倪萍的陕北话就说得很地道了。如今，她犹记得那些方言，“在骨子里了，想忘都忘不掉了。”

倪萍也到当地深入采访、了解乡村教师，其中有一位令她印象深刻，“他说我就有一个愿望，我们的孩子长大以后走向社会，能认识饭店，认识厕所、马路，就可以了。”二十多年前，国内的乡村教育普及较为落后，教师对孩子们这份殷切朴实的希望和爱深深打动了倪萍。

倪萍还阅读了大量关于乡村教师的资料，不只从外形上做出改变，也从内在方面去努力捕捉角色的灵魂。“我尽快把原来的我打倒，

• 倪萍全身心投入张美丽生活的世界

• 倪萍回忆塑造张美丽“在骨子里了，想忘都忘不掉了。”

然后能够让张美丽站起来。”拍摄期间，取景地黄沙漫天，倪萍从不进车里吃饭，就躺在半山坡上，晒着太阳，任凭风沙吹打，“因为我

• 倪萍和袁泉分获第 22 届中国电影金鸡奖最佳女主角奖和最佳女配角奖

看到我的孩子们，哪有在车里坐着吃啊?”倪萍就这样，用她所形容的“特别老、特别旧、也特别土的方法”，将自己全身心投入张美丽生活的世界里。

拍《美丽的大脚》之前，倪萍做了十多年主持人。重新回来当演员，她一下子忘了现场该怎么做，导演也发觉她的表演还属于过去式，建议她可以看看搭档袁泉的表演。

倪萍发现袁泉是用眼睛表演的好演员，“我从她身上学到很多，我也迅速转变成靠近袁泉的那种表演。”

在第 22 届中国电影金鸡奖颁奖典礼上，倪萍和袁泉分获最佳女主角和最佳女配角奖。倪萍回忆，当时她们俩坐在一起，她紧紧拉着袁泉的手，感谢对方的帮助。虽然袁泉没有直接教她，但袁泉的表演风格令她从过去的模式顺利跨越到当下，对她很有启发。

拿奖“特清醒” 家里从不摆奖杯 被易烊千玺等青年演员“圈粉”

倪萍最早是在山东话剧院当演员。那时她看到电影《小花》的广告，梦想成为女主演刘晓庆，就把这电影看了好几遍。1979 年，倪萍主演第一部电影《女兵》，从此走上表演之路，一口气拍摄了近十部电影。20 世纪 90 年代初，她转职担任主持人，连续十年主持央视春节联欢晚会。

以《美丽的大脚》重返影坛后，倪萍不只获得金鸡奖最佳女主角，还以《美丽的大脚》《泥鳅也是鱼》两度获得北京大学生电影节最佳女演员，以《大太阳》获得中国长春电影节最佳女主角，以《雪花那个飘》获得蒙特利尔国际电影节最佳女演员等多项大奖。

面对这些荣誉，倪萍很谦虚，“不能说不重要，但是我也特别清醒。首先是剧本写得好、人物塑造得好、导演拍得好，不然你无法

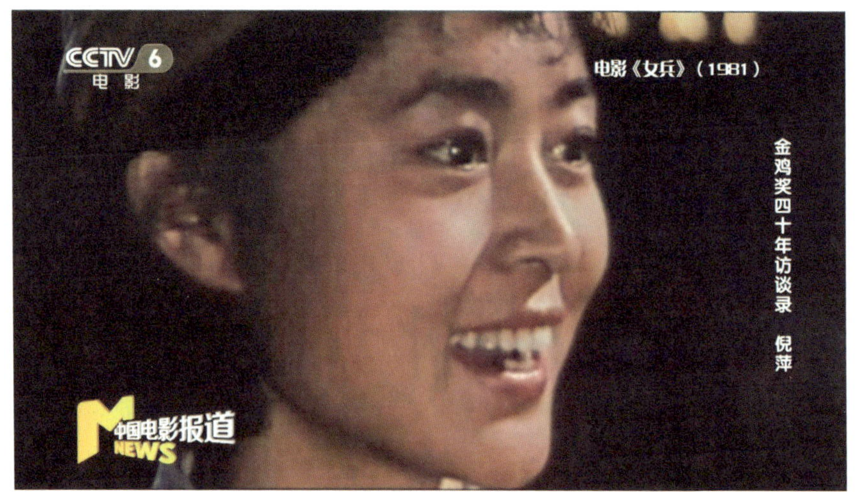

• 倪萍在电影《女兵》中的形象

演好，真的。”她认为只有清醒才是真实，她也从不在家里摆放任何奖杯。

无论是主持还是演戏，倪萍都很优秀，她还曾写作出版《姥姥语录》，获得冰心散文奖。倪萍表示：工作上的这些成就算是运气。“你要说生活中我为什么能做好？是因为从小这是姥姥留给我的传统，姥姥说的话：‘要么不做，要么就认真做。’”这句话对她日后做主持人、做演员、做人，都有巨大的影响和帮助。

如今年过六旬，倪萍依然在工作。2019 年，她参演了多部电视剧。在《功勋》中，她饰演申纪兰的婆婆；在《女心理师》中，她饰演赵希平，与杨紫演母女，一度登上网络热搜。她还拍了一部电视剧，扮演刘涛的妈妈。

倪萍感慨，当前这些年轻的后辈演员都是多元化发展，带给她很多惊喜，与她当年相比，表现要好许多。

“包括我跟杨紫的合作，她的那种交流，和你的那种自然，就很吸引你，她就是一个很有魅力的演员。”倪萍还喜欢易烊千玺，虽然没有合作过，但看完电影《送你一朵小红花》，她就被易烊千玺“圈粉”了。

“告诉易烊千玺我是他那个老网友。他将来真的不得了，以后每有他的电影我都看。这个孩子可能不是什么电影都能演，他是演的可塑性很大。”易烊千玺在片中喝醉酒的表白段落令倪萍感到震撼，“很多成熟的、年龄大的演员可能都演不成他那样。当时我看了之后，我目瞪口呆。”

作为前辈，倪萍借用她姥姥的语录寄语年轻电影人。姥姥的话语一直温暖着倪萍，令她度过人生中的艰难时刻。她希望年轻电影人也能以乐观心态面对一切困难险阻，也要懂得知足常乐的道理。

• 倪萍和姥姥合影

“苦没事，苦多了甜就来了。来了你就笑，有苦的时候你也别哭，你早晚知道，到头了还是幸福，前方还是幸福。”“幸福这个事你别嫌乎小，有么点你也把它捡起来，有么点你收起来。等着多了，你就有个大幸福了。一个一个攒起来，就是一个大幸福。”

两代“金鸡”主持 倪萍称赞蓝羽 寄语金鸡永远年轻、朝气、有收获

倪萍与金鸡奖缘分颇深。她拿过金鸡奖，也主持过第 24 届和第 26 届金鸡奖颁奖典礼，还当过金鸡奖的评委。

倪萍说，她主持了几十年的晚会，大概只有一两次比较满意，第 24 届金鸡奖的主持是其中一次。

当时每颁发一个奖项前，倪萍都会分享一个精彩小故事。她还把

入围演员的背景、家庭、经历等都提前了解清楚，等到公布获奖人时，就能更好地和他们做互动，活跃现场气氛。

“其实也就十分之一，还有十分之九准备的资料没有说。”倪萍回忆，当时颁奖结束后，她还得到电影前辈王晓棠老师的肯定。她很少回看自己的主持表现，但这一次是例外。王晓棠跟她说的“你主持得很好”，这句话也一直铭记在心中。

“金鸡”主持代代相传，电影频道主持人蓝羽从2015年至今，已经连续主持六届金鸡奖颁奖典礼。倪萍认为，担任电影盛典的主持人，必须得有一个特有的气质。她夸赞蓝羽：“随着阅历的成长，你一定会超过我们！”

在这期访谈节目中，倪萍与蓝羽共忆金鸡荣耀时刻，回溯中国电影光辉历程。最后，倪萍还送上对金鸡奖的衷心祝福与期许：

四十年，其实对于金鸡奖来说，是一个特别年轻的年龄和岁

• 倪萍寄语金鸡奖：永远年轻、永远朝气、永远有收获

数。而且未来我都不能想象多大岁数，它才算是成熟或者是一个高寿，我觉得无止境，可能会永远年轻下去。这个年轻包括朝气，包括它的成熟，包括它的收获。我祝福我们的金鸡奖永远年轻、永远朝气、永远有收获。

访谈录

中国电影金鸡奖40年

CHINA GOLDEN ROOSTER AWARDS

吴彦姝

吴彦姝：

最潮流的奶奶，用盲盒拆解她的艺术人生

或许对于吴彦姝老师而言，2017 年，能凭借电影《搬迁》获得第 31 届中国电影金鸡奖最佳女配角奖，正是开启了一个人生盲盒。当她带着这座金鸡奖杯出现在录制现场时，似乎我们又一次回到了吴彦姝老师获得该项殊荣的现场。她激动，同时又带有些许腼腆。

主持人蓝羽问她，还记得当时的情景吗？

“我都不敢看我那个（画面），我语无伦次地说了些什么。”跟随镜头画面，两人一起重温了第 31 届中国电影金鸡奖颁奖典礼的现场。这个奖是她在 79 岁的时候，第一次获得全国性的奖项。在参加颁奖典礼之前，她也从没预想自己能获奖，只是单纯抱着去观礼的心态前往。

回顾的过程中，吴彦姝全程捂嘴，眼泪在眼眶中打转。独属她的少女感，又一次流露了出来。

这一次的参与，让吴彦姝老师拆到了一个“隐藏款”。

“注定红”

第一个盲盒是朱顶红。

吴彦姝喜欢花，主持人蓝羽特意为她准备了花卉朱顶红，寓意“注定红”。

在蓝羽看来，吴彦姝奶奶和朱顶红存在着某种共通之处，“经过多年的努力和打磨，以及对于表演艺术的热爱，注定会收获属于自己的这份荣誉和肯定。”

早在 1959 年的时候，吴彦姝参演了人生中的第一部电影《流水欢歌》，但随后，她并没有过多出现在大银幕，而是深耕话剧舞台艺术。

在她心里，自己当初因为出演刘胡兰而得到周恩来总理的接见，已是最高荣誉。那一天是 1965 年 3 月 19 日，也是吴彦姝一生难以忘记的时间。

• 吴彦姝现场开盲盒

• 电影《流水欢歌》海报

从话剧团退休不久，吴彦姝就来到了北京的女儿身边。此时，陆陆续续有副导演找到她，请她或客串，或参演影视作品。吴彦姝凭借好演技，在圈子里慢慢积攒了足够的口碑。随后，她陆续获得了《北京遇上西雅图之不二情书》和《搬迁》的演出机会。

2016 年，两部作品前后和观众见面，导演张艾嘉看完《北京遇上西雅图之不二情书》之后，坚持选择吴彦姝出演《相爱相亲》。2017 年，吴彦姝凭借电影《搬迁》，获得了第 31 届中国电影金鸡奖最佳女配角奖。

相较于过去在话剧舞台上的主角身份，如今在电影里，吴彦姝则是更多为年轻演员当配角。即便如此，她总是能将每个角色塑造得惟妙惟肖。

没有小角色，只有小演员。

• 话剧舞台上的主角，大银幕中的“绿叶”吴彦姝

这句话正是吴彦姝心中所想，“每个角色都要认真地完成，我觉得这是一份自己热爱的事业，对着我热爱的事业会有一种责任感。”

花无百日红，但一个好演员可以永远在作品中绽放。“我在演每个小角色时，我都想方设法让她不要白白出现在这场戏里。不管是一场戏，还是两场戏，甚至是一句台词，我都想办法不让这个角色白来。这样，就能为整个戏添彩。”在吴彦姝眼里，配角就是为主角服务的。在过去舞台表演的时候，一直会有很多配角辅助她的演出，更是成就了她的每一场表演。如今，当自己成为配角的时候，“为什么不去配合主角呢？”

吴彦姝是诚恳的。

她于 2021 年出演了新片《妈妈!》，那是她近年来少有作为女主角的电影作品。当蓝羽祝福她凭此片冲击金鸡奖杯时，她却急忙摇

• 电影《妈妈!》海报

手，“不敢当，我是努力了，但我觉得跟其他演员比，我还差得很远。”次年，如此谦虚的吴彦姝凭借《妈妈！》，一举获得第12届北京国际电影节天坛奖最佳女主角奖。

少女感

不管是表演，还是在生活里，吴彦姝始终保持着年轻的心态。

这种状态随时牵引着她，让她在每部作品中，诠释出不一样风格的奶奶。

《北京遇上西雅图之不二情书》上映之后，不少观众都评价这是一位“少女心的奶奶”。看到这样的评价，她还以为是自己做作了，没有处理好角色。后来一打听才知道，原来是对她的夸奖。

• 电影《北京遇上西雅图之不二情书》剧照

现实中，她确实是一个留存好奇心、少女感十足的老太太。连张艾嘉都说她，“精灵得不得了。”

吴彦姝喜欢娃娃，有时候出远门都会带上一个。所以，蓝羽为她准备的第二个盲盒，便是一个娃娃。

虽然她已经来北京和女儿生活，但平时两人分开住，只是会定期约在一起看剧本。所以，大多数的时候她非常独立，甚至在拍摄《北京遇上西雅图之不二情书》的时候，都是她独自前往国外。临行前，她让女儿给自己下载了电子词典，所有东西都自行解决。

在飞机上，她先找邻座的乘客，在纸上帮自己写好英文，再用中文标注好读音。等到入境时，海关人员问她来美国干什么，她就告诉对方她来演戏，演“grandma（祖母）”。

在拉斯维加斯拍戏期间，吴彦姝一有空闲就会独自出门，用最简单的单词和词典协助，解决了各种生活问题。她每经过一个拐弯处，就会拍下来，以防迷路。家里人非常担心她会走丢，外孙特意给她的手机下载了实时定位的软件，确保她不会失联。

年纪从不是限定吴彦姝的条件，在这个年纪就饰演适合的角色，但所有的可能都由她自己去定义。

在电影《搬迁》中，有非常多的大特写对着吴彦姝，也把她的皱纹完全展现在银幕上。对于吴彦姝而言，皱纹和生死一般，那是一个必然结果。

事实上，恰恰是吴彦姝脸上的皱纹，导演薛晓路才选择她出演了《北京遇上西雅图之不二情书》：“我就喜欢她的皱纹。现在老年人都没有皱纹，梳着光光的白头发，我希望有一个有质感的老太太，她的皱纹特别慈祥。”

“我觉得一个人就要开开心心的，不要去想明天会怎么样，不要去想老了能不能动。”生活里，如果家里灯泡有点问题，吴彦姝从不会多想自己的年龄，自己搬个梯子就爬上去查看。

这就是她对生活的态度，始终用好奇心，去打破年纪的限定。

EDG 电子竞技俱乐部获得电子竞技全球总决赛冠军的时候，她会好奇这个全民关注的赛事，会去查新闻到底是什么情况。了解来龙去脉之后，吴彦姝给出定义，“EDG”代表着热血青春。

“我不愿意让这个社会抛弃，也不愿意让这个时代抛弃。”不管看到什么新鲜事物，吴彦姝都会好奇地去网上搜索一下。

有一次，青年演员侯明昊在朋友圈发了一张摩托车的图，配文写着“入坑”。吴彦姝看到的瞬间就着急了，“我想着这孩子怎么不让人省心，骑摩托车又掉坑里了。”正准备发微信教育他时，又想到，他没说受伤的情况，“入坑”可能是网络用词吧。

抱着这样的心态，吴彦姝立马去百度，果然，那是“着迷”的意思。

总是带着对生活的好奇心和新鲜感，吴彦姝把自己的日子过成了一首诗。甚至在她看来，大家最好忘记她的年纪，岁月不重要，重要的是自己的心态。

而她正是把这种态度带进表演中，两者相互成就，也让她诠释的每个角色变得更为精准。

不惑前行

虽然没有明确说明，但在和吴彦姝的对话中，她早已将自己的处世之道暗藏于每个回应之中。

蓝羽为吴彦姝准备的第三个盲盒，是来自三位不同年龄段女性观

• 电影《相爱相亲》剧照

众的提问。

20 岁、35 岁和 40 岁，都是吴彦姝曾经历过的人生阶段，每个阶段都会有迷茫和不解。作为过来人，吴彦姝的人生哲理或多或少能为她们解惑。

这些哲理或是来自吴彦姝的表演体验，或是来自人生经历。

她告诉那位迷茫的 20 岁女生，每个人都会有迷茫的阶段，过去了就会变得开朗，“人生会有三大昧，昧了之后就会清醒。迷茫的时候，你就让它迷茫吧。”

简单的话语，旁观者的通透，更像是她在《相爱相亲》中所扮演的姥姥对姥爷的某种执着。执着了一辈子，可是到最后看见现实的时候，一切又都放下了。

面对有两个孩子的 35 岁妈妈，吴彦姝清醒地告诉她：“女性一

• 电影《又见奈良》剧照

定要有自己的工作，再忙再累都可以过去。要是没有了自己的事业，万一遇到其他问题，那就后悔不及了，再去工作，你就工作不了了。”

• 吴彦姝寄语金鸡奖：金鸡四十，不惑前行

生活永远是多变的，永远都是未知的，但只有往前看，才会把生活过得更加滋润。

面对那位生活压力巨大的40岁女性，吴彦姝告诉她：哪个年龄就该干什么，等到退休了，就会有属于自己的时间了。就好像吴彦姝在电影《又见奈良》中塑造的角色，在晚年孤身奔赴奈良，寻找失去联系的养女。时间似乎在电影里放慢了脚步。而这段旅程中的故事，仿佛开启了她的另一段人生。

关于吴彦姝的人生经历，就如同《又见奈良》的片尾，大家一路走着，会路过小店，路过台阶，只是始终继续往前走。

生活的不惑，还是用生活解答。正如吴彦姝最后为金鸡奖写下的那句话："金鸡四十，不惑前行"。

访谈录

中国电影
金鸡奖
40年
CHINA GOLDEN ROOSTER AWARDS

邓超

邓超：

演技派突围

坐在我身边的是得过金鸡奖的金鸡奖主持人！感觉我俩拿起话筒就要上台了，仿佛一下回到金鸡奖颁奖典礼当中。

适逢邓超做客《蓝羽会客厅》，电影频道主持人蓝羽如此介绍这位与她二度并肩主持金鸡奖的好搭档。

过去的两年，俩人在金鸡奖的舞台上默契十足，表现亮眼；而舞台下，邓超则称呼蓝羽为“主持老师”，打趣自己的主持功力受益于她的栽培，让自己可以点亮一项新的技能。

值得一提的是，邓超与金鸡奖的缘分，并不止于主持。

早在2009年，第18届中国电影金鸡百花电影节在江西举行，江西娃邓超就以电影节形象大使的身份为家乡代言，并凭借《集结号》提名金鸡奖最佳男配角；八年之后，他更凭借《烈日灼心》获得第31届中国电影金鸡奖最佳男主角的殊荣。

可以说，金鸡奖见证了邓超一路走来的成长与进步，邓超也不断在金鸡奖上解锁新的身份。

演技蜕变，从最佳男配提名到最佳男主

凭借《烈日灼心》的“小丰”一角拿下金鸡奖最佳男主角时，邓超激动得“语无伦次”。他在台上特别提到了母亲：“我妈在我上大一时就对我说：‘超，要不我们不上了吧，你怕不是这块料。’”

但邓超坚持下来了。

后来，即使担心儿子未卜的前途，妈妈还是一如既往地支持着邓超，支持着倔强的孩子往前追逐自己的梦想。

拿下金鸡最佳男主角之后，邓超把这座闪耀的奖杯放在了母亲家里，“那儿特别有意义。她是我的鞭策者、监督者，也是我的鼓励者。”

在入行之前，邓超视金鸡奖为一个遥远的梦，因为金鸡奖代表着专业评审和普通观众的双重认可。

从荧屏来到银幕，邓超的演艺探索路上有过高峰，也有过低谷，直到遇见《烈日灼心》的辛小丰，他的演艺生涯才再度迎来转折，终于成功圆了年少时那个“遥远的梦”。

辛小丰这个角色看似平平无奇，实则心藏秘密；处在人生边缘，无比敏感、脆弱孤单、忧伤而阴郁。早在开拍之前，邓超已经为酝酿人物情绪做足了功课。进入正式拍摄，他更是细节必究，力求展现人物痛苦而绝望的状态。

令邓超印象最深刻的一场戏，是辛小丰接受注射死刑的戏份。为了表演更加精彩，他主动要求进行真实注射。拍手臂，拍血管，绑胶

带，扎针、注射……一个长达七分钟的长镜头，一气呵成。

“因为扎完针之后针眼会肿，所以每次还得等这个眼好一点儿，再拍第二条。”邓超回忆，这段戏当时拍了三条，过程中没有人喊停，就像死寂一样。这让他产生了从来没有过的生理反应：“我的脸抽筋了，脸是歪的，嘴也是歪的，我从来没有感受过这样的脸部抽筋。”

当时每个在拍摄现场的工作人员都深受感动。拍毕，导演曹保平冲向邓超，直接抱着他哭了起来。一旁的副导演也感叹：“我真的以为你死了……”邓超回想起拍摄时的点点滴滴，还记得自己当时感受到了一股神奇能量，“我就是和我的角色在一起。”

《烈日灼心》杀青后，入戏颇深的邓超感觉身体里空空的。坐在去机场的车上，就像一张皮囊铺在椅子上，里面什么都没有了，涣散的精神在四处飘荡。于是，他给角色写了一段告别的话：

> 小丰，在你的房间里住了快大半年的时间吧。知道你很苦，知道你很不容易。然后，今天我要离开厦门了，我会在我这里给你留间房间，时不时进去看一下。我是小丰，我是超。

就此，邓超把对辛小丰的感情深深地埋在心中。

有时候，邓超会被问到最喜欢自己塑造过的哪一个角色，他总是这样解释：“我的心里有很多房间，不同的房间就住着不同的角色，他们都在那儿，他们都很好。”

实际上，早在2009年，邓超就有过斩获金鸡奖的机会。

彼时，邓超在《集结号》里的角色叫赵二斗，是一个年轻有为的军官，才华横溢，指挥果断。他在朝鲜战争的战场上带队冲锋陷阵，性格有点顽固偏执，却又不失风度与幽默。

• 电影《集结号》海报

带着一箱厚衣服直奔零下二十多摄氏度的东北剧组，邓超为了贴近军人形象，每天冒着严寒早早起床，把自己弄得脏兮兮的，尽可能让自己看起来更加粗糙。在妆容的设计上，他也积极参与到与化妆师的讨论中，"粉底都是经过研究的，不是普通的彩妆。"

因为是南方人，他对于北方的饮食习惯不算适应，但偏偏有一场吃大葱卷饼的戏份。一遍一遍拍下来，邓超咽下一个又一个大饼，即使被大葱呛得直掉眼泪，他还是演出了吃得津津有味的感觉。到拍摄结束，他才发现自己已经吃了十几个大葱卷饼，导致后来连吞咽的动作都显得有些难受。

虽然最终与金鸡奖最佳男配角擦肩而过，但邓超也因为这个角色被更多观众认识和关注。首战银幕留下的认真劲儿，也被他一直贯彻在之后的演艺道路中。

全新挑战，从形象大使到逗趣主持

第 18 届中国电影金鸡百花电影节在江西南昌盛大举行，邓超凭借《集结号》首次提名金鸡奖最佳男配角，同时还拥有了另外一重身份——金鸡百花电影节形象大使。

为家乡代言的邓超可谓竭尽全力，载歌载舞。

邓超表示，知道要担任形象大使之后，脑海冒出的第一个念头就是想亲自唱电影节的主题歌。好友胡海泉亲自为他操刀创作了《绽放》：

今夜的欢歌无比精彩 / 鄱阳的渔歌随风飘荡 / 百花洲百花盛开 / 滕王阁忘不尽尘埃 / 重写今朝风华绝代 / 金鸡在高声地歌唱 / 散发出绚烂的光芒。

《绽放》的歌词加入了很多江西的元素，比如鄱阳湖、滕王阁等江西美景都融入其中，让他感触很深，“所以我觉得每一次的这种盛会都意义非凡。”

当年金鸡奖颁奖典礼上，邓超身披金色汉服，化身文人墨客，以一袭古典舞蹈《滕王阁盛宴》登台亮相，在一众伴舞的簇拥下，自由挥洒、翩翩起舞，为“金鸡之夜”贡献了一场精彩表演。

但现在回过头来，邓超却“悄悄”透露，因为回到家乡被家人近距离关注，“当时可紧张了！”他没想到舞台上还有个泡泡机，泡泡飘下来时导致地滑，他在台上不小心滑了一下。还好机灵的他急中生智，把意外摔倒变成转身动作，巧妙地化解了一次舞台“危机”。

事实证明，银幕之外，邓超的舞台把控能力也相当不错。此后两度搭档蓝羽主持金鸡奖颁奖典礼，同样游刃有余。

谈起首次担任金鸡奖主持的心情，邓超直言隔行如隔山，难度很大，“因为主持不在自己的专业范畴之内，当时我还一直给蓝羽发微信。”

2019 年的金鸡奖颁奖现场，最佳女主角奖项揭晓之前，邓超与蓝羽串场活跃气氛。当年入选最后大名单的分别是马伊琍、白百何、咏梅、周冬雨、赵小利和姚晨。在被蓝羽调侃最看好哪位演员最终夺魁时，邓超的表现逗趣十足，他纷纷向几位候选人比爱心，并表示“我看好你们”，雨露均沾。

当蓝羽提到孙俪时，邓超更是十分“知趣”，先是把主持话筒递给蓝羽，随后双手高举过头顶比了一颗大大的心，送给台下的爱妻，“你是我心中永远的最佳女主角”。这个画面也成了当年金鸡百花电影节最浪漫的名场面之一。

这次两位老搭档相遇在《蓝羽会客厅》，也重温了昔日并肩的一

• 邓超要做“争气鸡”

幕幕温馨记忆。

邓超玩笑般表示：“自己老在那用比心凑数。还好蓝羽老师给了我土壤和鼓励，否则确实不敢乱比心。”随后，更调皮回应蓝羽对自己的期待：“以后在比心这个形式上要有新的突破，比如可以有像歌舞，甚至吊威亚。”

出道至今，邓超一次又一次解锁在金鸡百花电影节上的新身份，他也衷心送上了最真挚的祝福：“感激金鸡的陪伴，未来要做一只‘争气鸡’！”

中国电影金鸡奖 40年 CHINA GOLDEN ROOSTER AWARDS

访谈录

曹郁

曹郁：

用镜头为导演翻译，为演员领舞

摄影师长得都不是特别的帅，但正因为不是那么帅，你才会注意别人的美。

• 曹郁所获金鸡奖奖项

在做客《蓝羽会客厅》时，摄影师曹郁这句看似玩笑的话，在不经意间说出了一名电影摄影师的本质——观察、记录、还原镜头前的美。

从《可可西里》到《南京！南京!》，再到《妖猫传》《八佰》《我和我的父辈》《1921》，曹郁在二十年的职业生涯中见证了中国电影的迅猛发展，曾多次入围金鸡奖最佳摄影奖，并于2019年凭借《妖猫传》获得第32届中国电影金鸡奖最佳摄影奖。

最高的荣誉要放在父母家

曹郁在接受蓝羽采访时，指着自己的上衣认真地说，金鸡奖领奖时就穿的这件西服，还调侃自己："一看家里西服就不多。还是这件。"

谈起曹郁和金鸡奖的缘分，要从2005年提名《可可西里》说起。当时，陆川在台上和他对视，满心期待他能上台得奖，但最后只获得了提名。两个人一个台上一个台下，大眼瞪小眼。

与金鸡奖再续前缘是14年后，他在妻子姚晨的故乡福建终于捧回了奖杯。在姚晨看来，曹郁"既是生活艺术家，也是电影艺术家"。得了金鸡奖之后，曹郁也是第一时间和坐在旁边的妻子分享了这份喜悦，两个人给了彼此最深情的拥抱。

这个代表中国电影最高荣誉的奖杯，停留最长的地方还是曹郁父母家。曹郁的父亲曾在北京电影制片厂工作，当时他们厂十分关注谁得了金鸡奖，于是曹郁就把奖杯送过去，放了好长时间，让父亲特别开心。

在宣布获奖结果时，曹郁内心是淡定的。面对最强的竞争对手

• 曹郁与蓝羽一同回顾获奖瞬间

《影》的黑白灰水墨画风摄影，他对风格相反的颜色饱满、色彩绚丽的《妖猫传》还是很有信心的。在他看来，自己操刀的这部电影将中国绘画中的色彩部分大胆展现了出来，更让他惊喜的是颁奖词中的那

• 电影《妖猫传》剧照

句“摄影师曹郁以富有层次和细节的光影拍摄，在美学呈现上达到一个新的高度”。

高质量视听才能吸引观众

随着整个时代的更新迭代，摄影技术也在不断进步，在曹郁看来，电影摄影的潮流会越来越倾向于大银幕的高质量视听效果，这样才能把观众吸引到影院中，而不是在家里刷手机。

随着技术进步，电影拍摄已经进入了 Wi–Fi 控制灯光的时代。曹郁在《八佰》的拍摄中首次尝试了这一技术。当时，每一个灯要有一个 IP 地址，两百个灯就有两百个地址，所以编程十分复杂。

很多灯光师虽然没受过很高的教育，但能够用“土办法”最短时间学习掌握最先进的“洋设备”，这一点让曹郁特别佩服。在他看来，中国电影工业化的发展离不开这些人，是众多电影基层工作者用自己的智慧为中国电影打下了最坚实的基础，托举起电影产业进步最牢固的底座——正如一个金字塔，最重要的就是支撑一切的底座。

曹郁的镜头颇为注重景深，对群众演员的要求也很高。在一般的认知中，把画面背景虚化会给人一种专业的感觉，但更高级的电影会让观众看到更宽广的东西，所以他会用大幅度的景深来展示环境。

在《八佰》最后那场夜戏中，“八百壮士”过桥的场景灯光打得很亮，剧组动用了两千多台灯来拍这个场面，这不仅对群众演员提出了要求，对服装、美术也提出了更高的要求。最终，让观众觉得影片质量特别过硬，这也是作为摄影师的价值体现。

感性与理性之间的翻译

在曹郁看来，摄影要将艺术和技术相结合，这也是摄影师的乐趣所在。导演对他说的话通常是文学化的语言，比如“心灵很温暖”，但他传达给灯光师的时候，就要转换成色温是多少，用什么色纸，灯放在什么距离，通过什么角度打过来；跟摄影师说要用什么样焦距的镜头；跟机组说用什么速度推到哪儿，然后这所有的技术环节搭在一起，就是导演说的“心灵很温暖”的效果。换言之，他必须来回翻译，所以，摄影师这个职业让人觉得有趣的点就在于表面看起来好像很理性，但内心又很不理性，感性和理性必须兼具，缺一不可。

尽管拍摄现场有掌镜人员，但无论是《妖猫传》还是《八佰》，曹郁很多时候都会亲自上阵，尤其是镜头需要记录细腻的情感展现和变化时。像《八佰》中，每个壮士牺牲的瞬间，都是他亲自去拍摄，毕竟演员表演前后的瞬间反应和细微感觉常常发自本能，如果通过对讲机再告诉掌机，很有可能来不及，因为精彩的瞬间总是稍纵即逝。

每到这些时候，曹郁都会觉得自己像一个演员一样，参与到了电影的创作中。

在拍摄《南京！南京！》之时，他觉得自己肩扛摄影机的那种自由灵活的感觉，很像在和演员跳双人舞。一同呼吸的节奏、即兴的距离感，仿佛让摄影师和演员进行了一次奇妙的交流，一次磁场的碰撞，这种感觉实在很美好。当然，演员们也喜欢曹郁亲自上阵，这会让他们觉得每一次表演都没被浪费掉，非常有安全感。

荣获金鸡奖也是曹郁从小最大的愿望。虽然已经得过了一次，但他还希望能继续得下去，也希望金鸡奖越办越好。

访谈录

中国电影金鸡奖40年

CHINA GOLDEN ROOSTER AWARDS

颜丙燕

颜丙燕：

不接广告，不上综艺，用态度展现演员的纯粹

当颜丙燕再次回忆起凭借《爱情的牙齿》拿下金鸡奖最佳女主角的往事时，那些种种的“意外”再次涌上心头。她告诉蓝羽，关于这部电影，关于这个奖项，凝聚着她在电影道路上的无数个“第一次”。

第一次参演文艺电影；

第一次入围重要的电影奖项；

第一次参加金鸡奖颁奖典礼；

第一次拿到最佳女主角奖杯；

……

歌舞团出身的颜丙燕，一直强调自己是“业余选手”。

在导演庄宇新拿着《爱情的牙齿》的剧本找到她时，她一度想拒绝这个项目。但导演一再坚持，甚至为她调整了剧本。在这部电影之后，颜丙燕开启了自己演技的另一扇大门，对于表演有了更清晰的认知。

前往金鸡奖颁奖典礼之前，她正在广州拍摄另一部文艺电影《牛郎织女》，同样与一位新人导演合作，而影片最后入围了戛纳国际电影节“导演双周单元”。

曾拒绝《爱情的牙齿》 找到演员的热爱

拿到金鸡奖最佳女主角的奖杯之后，颜丙燕的手机“爆”了，无数条祝福信息，无数通未接电话。她先给父亲回了电话——“丫头，拿了?”“拿了。”“还真拿了?”“嗯。”“挺好挺好挺好。”

父女之间简单的对话，没有寒暄，也没有浮夸的恭喜。两个人都如同做梦一般，仍是恍惚，都没有过多准备，更来不及细想。这些发生得那么突然，颜丙燕告诉蓝羽，自己在那一刻好像幻听了。

事实上，从颜丙燕前往金鸡奖颁奖典礼那一刻起，所有的准备都是仓促的。那会儿她正在广州拍戏，因为角色的外形需要，所以本人

• 颜丙燕回顾向父亲报喜一刻

• 电影《爱情的牙齿》海报

的形态上并没那么“好看”，很多礼服都很难驾驭。

颜丙燕匆匆赶往苏州——当年金鸡奖颁奖典礼的举办地。而她的闺蜜，同时也是她经纪人的李姝则帮她打点服化道一切事宜。

正是这位“中国好闺蜜”，颜丙燕才有机会接触到《爱情的牙齿》。

2005 年的一天，颜丙燕被李姝拖着去见了导演庄宇新，想让她试试这部叫《爱情的牙齿》的新戏。

那会儿的她还沉浸在母亲离世的痛苦中，对周遭的一切都毫无兴趣。她天天把自己关在家里，坐在窗边发愣，看着天黑天亮，整个人完全陷入泥潭之中，没有丝毫生机。

颜丙燕见到庄宇新之后，当场就拒绝了。这部电影原本的故事是讲述三个女人的三段情感经历，但导演见到颜丙燕之后，改变了想法，希望由她从 16 岁演到 40 岁。

一方面颜丙燕生活状态不佳，另一方面，当时已经 33 岁的她，直接表示自己无法演 16 岁的少女，甚至告诉导演，“你可以找一个二十来岁的女演员，既能演 16 岁，也能演 40 岁。”

导演听到这般回绝，猜不透眼前这位女演员究竟怎么想的，但依旧希望她能先看看剧本。颜丙燕应允下来，但她一直把剧本放在茶几上，好长时间没有理会。突然有一天，不知道是什么刺激她拿起了剧本，“原本是想看一看，最后我居然从头到尾看完了，整个剧本写得特别好。”

在读剧本的时候，颜丙燕已经在脑海里预演了一遍电影，甚至用自己的思路去剪辑了电影。可是，想到自己已经拒绝过导演了，她一时之间有些不知该怎么办。

或许，有的角色就是命中注定的。半个月之后，庄宇新给颜丙燕打来电话，告诉她自己在这段时间里找了很多二十来岁的演员，可是，这些人总是少了一种颜丙燕才具有的东西。既然机会来了，颜丙燕没有再犹豫，愿意深入聊一聊。

这次聊天之后，颜丙燕才知道，庄宇新夫妇为了这部电影付出很多。庄导光写剧本就写了十年，甚至在找投资的过程中，拒绝了各种资方的要求，只为能亲自执导。为了筹集资金，他把自己的房子和车全部抵押给了银行，而彼时他的妻子正怀着孕。“那是他们两口子对电影的热爱和执着。”颜丙燕感慨地说。

这种情感给了颜丙燕很多感触和认识。

电影拍摄中途出了一些技术问题，前面第一部分完全不能用，摆在面前的解决方式只有一种——重拍。但那批报废的胶片就占据了成本的近 1/3，剧组一下子陷入捉襟见肘的窘境。

导演找到她，抱歉地说：“丙燕，如果你的片酬，我不能马上给你的话，你别着急，我一定会给你，容我想想办法，我能想出办法来。”颜丙燕听完，很果断地回应：“我不要了，让我们把电影拍完吧。”

选片有标准　偏爱文艺片的内核表达

《爱情的牙齿》之后，颜丙燕突然发现：原来，这样的电影可以回味无穷。

电影上映之后，陆陆续续有制片人看见颜丙燕的戏剧魅力，于是有越来越多的文艺片找上她。当然，在拿下金鸡奖之后，随着个人商业价值的提升，商业电影的片约也不少。

但当两类剧本摆在面前时，颜丙燕更愿意选择出演文艺片，“因为这类影片里面的隐喻有很大的张力，多少年后再去想，依然是一个社会问题，或者情感问题。”

颜丙燕觉得这并不只是一份工作，她希望能在多年之后，即便人已经不在了，可是作品还在，它本身的情感依旧能打动人。

对于一位演员而言，这样的坚持可能并不容易，颜丙燕也笑着坦言，这么多年拍电影下来，经常赔钱。尤其拍很多年轻导演的低成本作品，她还是如同当年接《爱情的牙齿》那样的心态，可以不收或者少收片酬，甚至倒贴费用进去，只要能让电影的效果和质感更好。

这种坚持，也让她变得有些倔。

从影至今，她不接广告、不参加商业活动、不参加综艺活动，“反正一切跟电影和电视剧无关的事儿，我都不参加，那不是工作。”

颜丙燕非常清醒，她觉得演艺圈就是一个充满诱惑的名利圈，但凡目光短浅一点，贪心一点，各种各样的诱惑就会冒出来。这些东西多了，一定会让未来黯淡下去，“做艺术这个行业的人，一定要理性中有感性，感性又要理性。”

慢慢地，颜丙燕在圈中有了自己的招牌——绝不赚快钱，绝不轧戏。只要接下了剧本，就完全沉浸其中。正因如此，她始终保持着演员的那份纯粹。

而这一切，也都是在她这几年的拍摄工作中，慢慢汲取到的真理。

在拍摄电影《万箭穿心》时，临开机前一天，剧组决定用武汉方言进行拍摄，这可打了颜丙燕一个措手不及。她没有足够时间去学习准备，要知道，之前拍摄《牛郎织女》的时候，她可是提前了一个月去准备。

但让她欣慰的是，影片上映后，《万箭穿心》的原著作者告诉她，自己身边的武汉朋友去影院看，有零有整地精确到前 7 分钟，觉得她的武汉话不地道。但到了后面的时候，这个不标准的方言，并没有成为他们观影中的一根刺。

• 电影《万箭穿心》剧照

“虽然作为创作者，对于这样的呈现还是会觉得挺遗憾的，但我也想明白了一件事，如果观众的代入感足够，他们是会忽略一些东西的，甚至是一些本身错了的东西。”

当然，这并不能成为一位演员偷懒的理由。颜丙燕后来在接戏的时候，还是会尽量给自己争取到充足的准备时间，让自己尽可能与角色贴合。

拍摄电视剧《远山的红叶》时，因为她饰演的王瑛书记的原型是圆圆脸，为了能更贴近这个角色形象，颜丙燕增肥了 15 斤。等到这部剧杀青之后，她几乎无缝进入了《借枪》剧组。

谁想到，在试装阶段，颜丙燕完全穿不上剧组准备的旗袍。姜伟导演见状，立马让服装部门根据她当下的身材调整衣服。

但这种“许可”却被颜丙燕直接拒绝了，并对导演立下军令状，

• 电视剧《借枪》剧照

• 颜丙燕深情凝视“金鸡”，不忘初心

自己会用一周的时候瘦下来。导演自然不相信她能做到，偷偷吩咐服装师准备相应尺码的衣服。

没想到颜丙燕说到做到，在一周的时间里，她一口主食没吃，全程只喝白开水，硬是把自己降到贴合角色的体重。这种极端的减肥方式并不是偶然，有一次她直接断食了21天，甚至患上了轻微的厌食症。

或许在大家眼里，这是一种牺牲。但她坦言，这是演员应该做到的。

所有的付出，就来自她对电影的坚持和热爱。正如采访最后她对金鸡奖写下的祝福："中国电影金鸡奖是中国最专业的电影奖项，希望这份专业能够激励更多的电影人不忘初心、热爱电影。"

中国电影
金鸡奖
40年
CHINA GOLDEN ROOSTER AWARDS

访谈录

王铁成

王铁成：

与周总理日夜神交十五载

2019 年，主持人蓝羽曾在金鸡奖颁奖典礼舞台上采访王铁成："听说您是片场有名的一条过，您是如何做到的？"

收获了中国文联终身成就电影艺术家荣誉的王铁成这样回答："为了塑造好角色，我和周恩来总理日夜神交了 15 年。我们要热爱心中的事业，热爱心中的人物，只有热爱他，才能演好他。"

时间回到 1992 年。那一年，金鸡奖百花奖第一次合办成金鸡百花电影节，电影《周恩来》在前一年作为庆祝中国共产党成立七十周年献礼影片上映。王铁成凭借对周总理逼真传神的还原，荣获了最佳男主角。作家苏叔阳对他说："金鸡奖从成立那天开始，没有一个全票通过的。可你这个奖项，没有一个人投别的票，就投你了。"

王铁成明白自己获奖，很大部分是因为周总理这个角色。他深知，尽管总理离开我们很多年，但每次提起他，大家还都非常怀念，

• 王铁成展示与邓颖超合影

非常热爱，非常有感情。时至今日，王铁成依然记得他上台领奖时说的话："绚丽是暂时的，只有平淡才是永恒的。我将继续为电影事业努力。"

形神兼备　与周总理神交十五载

此次做客《蓝羽会客厅》，当蓝羽问起他拍摄电影《周恩来》时最难忘的瞬间，王铁成几乎不假思索地回答是开拍首日。那是在湖南湘西的一个大雨天，当天要拍长征时期周恩来指挥战斗的一场戏。万万没想到的是，王铁成乘坐的汽车因天黑路滑撞上了路边的石头桩子，也撞断了他的六根肋骨。事故发生后，导演丁荫楠第一时间安排他住院。

卧床 21 天后，王铁成身体稍微好了一些，导演问他能不能拍，他咬牙说："拍，我现在比过去又瘦了一圈儿，特别接近总理的病中状态。"当时组里要拍一场人民大会堂国庆招待会的大群戏，他上身捆着发亮的塑料绷带固定身体，外面穿上总理的蓝色中山装，忍着大声说话的疼痛，整整在人民大会堂拍了 11 个小时。那一天，他从早到晚一直站着，一滴水没喝，一口饭没吃。现在回想起当天的精神头，那是一种认真的、完全忘我的状态。

拍完过了些日子，导演说有一个镜头不好，需要补拍一下。那时王铁成已经胖一些了，不得不服用双氢克尿噻这种去水的药。吃完了过两天再拍，发现镜头还是不能用——又太瘦了。当时，王铁成完全

• 王铁成与电影《周恩来》导演丁荫楠

没感到在受罪，只觉得自己要演就一定要对得起周总理，一定要完美呈现这个角色。

一个好演员，特别是一个好的特型演员，就要贴近角色的方方面面。有一次，邓颖超看到王铁成走路的样子后说："总理走路是直的，你的左脚往外撇。总理走路快而坚稳。"这句话一下点醒了王铁成，于是他来到剧院的练功室，对着镜子，一个人一走走一天，练习总理走路的步伐速度和姿态风度。

在访谈中，蓝羽听出王铁成说的是一口地道北京话，便问起他是如何模仿周总理的江苏淮安口音的。于是，王铁成揭开了谜底：他家里有个录音机，每天要听50遍总理的原音，听完总理的声音就自己录，一个音一个字地重新标注，终于琢磨出总理说话的"逻辑重音"，还有"二声变一声，一声变四声"等等微小区别。

除此之外，他15年来几乎查阅了周总理所有的资料，从总理年轻时候的诗集，到后面的回忆录和其他文章，摞起来足有一米七以上的书籍资料。读着这些文字，王铁成就在脑海中过电影，用演员的想象力还原了总理的一言一行，一步步从心灵接近了角色。

一生一角　感恩机遇

从1977年开始，王铁成用15年、11部影片成功塑造了周总理的大银幕形象。在王铁成看来，这个历史人物是所有人都能看得到的，印象深刻的。从夫妻关系的邓颖超，到战友关系的邓小平，再到老百姓，以及他的亲属、工作人员，一直到普通观众，一个演员如果能获得他们的认可，说明这是一个艺术形象的创造，绝对不是单纯的模仿。

• 王铁成与蓝羽回顾获奖高光时刻

王铁成和周总理日夜神交了 15 年，总理的一生也深深影响了他的一生。有人说演员应该一人千面，但王铁成一生都在塑造总理，丝毫不觉得遗憾，“现在的机缘太难了。我感谢命运，感谢领导对我的信任，选择我来演总理。所以我爱的是心中的艺术，就算不演戏的时候也爱，一旦有了机会、有缘分了，就有成功的希望了。我不是为了成功而演戏，我是发自内心喜欢这个职业。”

从影四十余载，王铁成有一句座右铭：认真演戏，老实做人。

他明白得奖是对自己的一种鼓励，也是对演艺事业本身的一种认可。他总结自己在做人各个方面不耍滑头，不抖机灵，老老实实，不骗任何人，也不骗自己。他说：“演戏，说白了就是过瘾。演戏要想过瘾就得认真，就像中魔一样地做这个事情，才过瘾呢。”

访谈录

中国电影金鸡奖

40年 CHINA GOLDEN ROOSTER AWARDS

文牧野

文牧野：

用处女作精神拍每部电影

“金鸡奖是中国分量最重的奖项，我从来都没有想过自己能有机会获得提名，甚至拿奖。”与主持人蓝羽一同回顾2019年手捧金鸡奖的荣耀时刻，文牧野感慨地说。

曾在现场见证文牧野获奖的蓝羽对他这段简洁的感言印象深刻，“特别精练，好像没有感谢很多人？”

文牧野笑着回应：“当时准备了感谢台前幕后工作人员的话，一紧张就忘了。”

总票房31亿元，入围“金鸡”三项大奖，面对处女作《我不是药神》的巨大成功，文牧野时刻提醒自己勿失初心。

他的获奖感言，也是对电影许下的深沉诺言，“一辈子都要以处女作的精神，去拍之后的电影。”

• 文牧野回忆获奖时激动忘词

“付出超过百分之百的努力和专注”

“铆足了全力，从来没有过其他想法，只想把这个电影做好。”

距离《我不是药神》杀青已过去几年时间，文牧野对当时的创作状态依然记忆犹新。

访谈现场，蓝羽与文牧野一起回顾了一段幕后花絮。进入工作状态的文导，对片场有极强的掌控力，展现出远超一般新人导演的成熟气场。

蓝羽问道：“你是如何在处女作就能迅速进入这种驾轻就熟的状态？”

文牧野坦言，他十分清楚电影行业对新导演的“容错度”不高，于是就潜下心来，花两年时间打磨剧本。

把所有的运镜、表演甚至剪辑方式都在心里过了无数遍，才能在片场如此游刃有余。

对每一个镜头都精益求精，文牧野总把“保一条”挂在嘴边，最

• 电影《我不是药神》花絮照

多的一场戏连拍了四十多条，也让他收获了“文保保”的绰号。

“最后选择的大多是最终那条，有时候演员的劲儿很大，多拍几次会慢慢把气放下来，有时候则是寻求更多的可能性。”

这种全身心投入的状态感染着片场的每一个人。文牧野记得，有一场戏他已经通过了，摄影师却主动提出再来一条，尝试用手持的方式拍摄，追求最极致的效果。

还有饰演“黄毛”的演员章宇，在码头那场重头戏开拍一周前就对文牧野说：“到时候你不要喊停，让我多演一会儿。”

没想到，章宇在完成剧本上的规定表演后，突然学起“狗”的样子，用手咬住了徐峥的脚腕，徐峥也快速反应，嗔了一句：“黄狗。”

就这样，两人的即兴配合成就了影片中夕阳下的温情一幕。

文牧野如此形容："整个剧组的积极性完全被调动了起来，每个人都发挥了自己百分之百的能量，都会自豪地说，这部电影有我的一份功劳。"

《我不是药神》杀青后，文牧野连发了三天高烧，就像身体把长时间积累的压力"一把火放了出来"。

文牧野深知，对于新人导演，压力和挫折都不可避免，但满腔热血的冲劲和坚持不懈的韧劲也是最宝贵的财富。"坚持自我，排除杂念，永远用最饱满的热爱去创作，无论是你的第几部电影。"

"用电影致敬时代"

《我不是药神》之后，作为青年导演中的佼佼者，文牧野参与了《我和我的祖国》的导演工作。

他执导的《护航》单元，以"备飞"女飞行员的视角再现了纪念中国人民抗日战争暨世界反法西斯战争胜利七十周年阅兵式，彰显了中国空军女飞行员巾帼不让须眉的飒爽英姿和无私奉献的"护航精神"。

文牧野回忆，宋佳挑战离心舱的那场戏拍摄过程最为"艰难"。

"宋佳亲自体验了离心舱，2.5 的离心力就已经快晕过去了。通过这个过程，我们也更能理解女飞行员的艰辛，她们能走到这一步非常不容易。"

以小人物致敬大时代，与蓝羽一起重温《护航》单元的创作，也让文牧野心中涌起澎湃的家国情怀。

"我们这一代的人，生长在祖国最好、最蓬勃发展的时代。我在三十几岁就能拍摄自己的电影，与国家的发展是密不可分的。我们也

• 电影《我和我的祖国》之《护航》篇

把对国家的爱，倾注到了作品的创作中。”

深耕现实题材创作，用镜头记录时代，一直是文牧野的坚持，新片《奇迹·笨小孩》也不例外，他甚至把处女作《我不是药神》的创作班底几乎全员带到了《奇迹·笨小孩》的创作中。

• 文牧野钟爱“老班底”

• 电影《奇迹·笨小孩》海报

相比《我不是药神》关注民生话题，《奇迹·笨小孩》将镜头对准平凡百姓的奋斗传奇。易烊千玺饰演的男主角景浩独自带着妹妹在深圳生活，为了筹钱给妹妹治病，他与一群普通打工人一起在南方热土深圳创造了逆袭“奇迹”。

文牧野这样总结电影的主题：“奇迹是由每一个普通人创造的。”

在他看来，易烊千玺与景浩有很多共同点，“看上去是个少年，但有着超出同龄人的成熟。更重要的是还透着一丝‘脆弱’……我在写完这个剧本的时候，就觉得应该由千玺来演。”

一番合作下来，让文牧野印象最深的是易烊千玺的专业：从上一个剧组马不停蹄地赶到《奇迹·笨小孩》片场，腿部韧带撕裂，石膏还没取下来，就开始了拍摄。

文牧野说，易烊千玺虽然平时沉默寡言，但碰到在乎的东西，聊起角色和表演，就会很快进入交流状态，有自己的态度和见解。这种专注的状态也与整个剧组的氛围不谋而合。

从《我不是药神》到《护航》再到《奇迹·笨小孩》，文牧野一直沿用着“处女作”班底，也始终保持着“再来一条”的精益求精。

“尽量追求每一场戏都做到极致。我们心中有一样的标准，如果没达到，就应该再努一努力。”

广播电视编导专业出身的文牧野，至今仍记得大学时代用 DV 拍摄短片时的情景。老师的一句表扬在他心里种下了“导演”的种子。从零开始学习剪辑软件，一部又一部坚持拍短片，这份朴素的热忱支持他一路走到今天。

“每一次面对困难和挑战，真正能够帮助我们的，无非就是心中对电影的热爱。”

处女作即获金鸡奖肯定，文牧野时刻提醒自己勿失初心：

“永远以处女作的精神拍电影，保持热爱，砥砺前行。”

访谈录

岳红

蓝羽会客厅
RECEPTION ROOM

岳红：

两夺金鸡奖，为什么能与癌症“走着瞧”？

演员岳红曾两夺金鸡奖，做客《蓝羽会客厅》，她与观众分享了众多人生经验及感悟。巧合的是，岳红也有过金鸡奖主持经验。

“客串嘛，有什么紧张的，没有，其实，我主持没有问题的。”演播室里，岳红对自己的主持功底自信满满。2013 年，第 29 届中国电影金鸡奖颁奖时，她曾以客串主持人身份参与这场中国电影人的狂欢盛典。

两年以后，电影频道主持人蓝羽接过了金鸡奖颁奖典礼主持人的话筒。与金鸡奖主持人前辈们畅聊，也让她收获颇多。

四十余年的光阴弹指一挥间，中国金鸡奖依旧光彩如初，成为指引众多演员演艺生涯前进的灯塔。

年仅 23，首夺金鸡奖：最佳女主角如何炼成

用年少成名形容岳红，并不为过。

1986 年，年仅 23 岁的岳红，凭借《野山》中的桂兰一角，获得第 6 届中国电影金鸡奖最佳女主角。当年，得知被提名金鸡奖时，岳红还在老山前线进行慰问演出。

“把握没有，但是信心有，无知者无畏。”得知这一消息时，岳红仍然记得当时心中那股初生牛犊不怕虎的豪情。在此之前，她仅出演过电影《小岛》。

《野山》改编自贾平凹小说《鸡窝洼的人家》，故事发生在秦岭深处，一个名叫“鸡窝洼”的地方。为了更贴近片中桂兰一角，岳红走进了秦岭南麓陕西省镇安县的一个乡村体验生活。在此之前，她没有任何农村生活经验。

从小生活在气候温润的蓉城，秦岭的漫天大雪与凛冽寒风，让岳

• 岳红在前线慰问演出惊闻喜讯

红见识到了不一样的冬天。对于寒冷的视觉与触觉记忆，延续至今。

“一个月体验完生活以后，摄制组来车接我们就回到了西安，就不太会在那个柏油马路上走路，我就一瘸一拐的。因为每天都在山里跑，都是穿着老乡的棉衣、棉裤，在那山里奔来跑去。”

通过与村民一个月时间的朝夕相处，岳红逐渐走进了角色的生活与心理。纳鞋底、带孩子、烧柴、做饭等日常生活技能的培养，也始于彼时。

艺术源于生活，通过体验生活获得第一手创作经验，成为演员群体成功塑造角色的公开“秘籍”。最终，岳红将改革开放初期，一个希望改变现状、敢于进取的农民形象诠释得淋漓尽致。

电影里，岳红用最不起眼的生活细节与动作，展示了人物复杂而又细腻的情感世界。无论人物外部形象还是内里气质，都获得了普通观众与业内人士的一致认可。面对巨大荣誉时，她却十分谦虚自省。

“我还不到 24 岁，艺术的道路还很长，如果有一天我摔倒了，希望各位把我拉起来。我说的是真话，我想人和人之间需要的是真情，我的希望在明天。”岳红获得第 6 届金鸡奖最佳女主角获奖时的感言，让蓝羽印象深刻。

这段获奖感言，与岳红年轻时三考中央戏剧学院（简称“中戏”）终如愿的经历息息相关。在她看来，不论创作还是生活，不可能永远一帆风顺。这句话也为她日后战胜病魔，再夺金鸡奖埋下伏笔。

时隔 24 年，再夺金鸡奖：战胜病魔重回福地

凭借《野山》年少成名之后，岳红演艺事业进入快车道。

1987 年，岳红凭借《八女投江》获得八一电影制片厂“小百花奖”

• 岳红“擒鸡”热泪盈眶

最佳女配角。1989 年，她出演了根据刘恒小说《黑的雪》改编的《本命年》。2001 年，她又主演了古装喜剧《乌龙闯情关》。

然而，生活总是无常。

2001 年，在剧组拍摄期间，岳红经常感到胃部不舒服。后来，她在朋友的陪同下去医院做了检查。罹患胃癌的诊断结果出来以后，朋友哭成泪人，岳红反而心平气和地安慰朋友。

经过四年的治疗与积极锻炼，岳红战胜胃癌又重新回到心爱的舞台。陕西可谓她演员生涯的福地，另一座金鸡奖杯静静守候于此。

2009 年，由刘大为执导、岳红等人主演的喜剧片《走着瞧》一经放映，好评不断。影片讲述了 20 世纪 70 年代知青马杰插队时的爱情，以及他和两头驴之间的斗争故事。故事发生地与拍摄地，正是秦岭深处。

为了更加贴近剧中人物形象，岳红继《野山》之后，人生中第二次剪了短发。

“我拍《走着瞧》的时候也是很长的头发，到了陕西省周至县，导演说你看看脑袋这么大，你自己看行吗？”

后来在山西拍摄《申纪兰》时，岳红第三次为角色形象剪去长发。在她眼里，角色大于一切。

功夫不负有心人。

2009 年，岳红凭借《走着瞧》中大莲一角，摘得第 27 届中国电影金鸡奖最佳女配角奖。电影里，她为了能说一口地道的陕西方言付出了不少努力。

“这条路走得太长了，用了整整 24 年。我第一次拿到金鸡奖是 1986 年，24 年我一直在努力，一直在拼。这 24 年经过了太多的风风雨雨，但是我今天终于拿到了，谢谢，谢谢评委。”第二次手捧金鸡奖时，岳红激动不已。

“当时台下很多人都和你一起落泪了，因为他们都知道这二十多年，您的一些经历。”演播室里，聚光灯下，蓝羽看到岳红当年获奖时的画面有感而发。岳红坦言，经历了癌症等很多生活的磨难后，很感谢那些在最困难时刻帮助过自己的人。

角色无大小：寄语“金鸡”带梦去飞翔

众所周知，演员的职业生涯黄金期宝贵又短暂。随着年岁的增长，许多名噪一时的演员慢慢从主角变成配角。如何平衡落差，更是所有演员的人生必考题。

“随着年龄的增长，我以前演的大多是女主角，后来我也可以

（演）女配角的时候，我依然要把我自己演成最好。”在岳红心里，把一个角色的戏演好，已经成为她的人生信念。无论这个角色是主角，还是配角。

2020年，在电影《我和我的家乡》中，岳红饰演一个小配角，虽然出场时间很短，但她仍然做足功课，精准表达角色，最终获得了观众认可。

现实生活中，岳红让同为演员的女儿岳以恩倍感压力。

聊到女儿时，岳红眼中充满疼爱之情。“不管说作为一个同行，还是一个母亲来说，我只是希望，她做她自己喜欢的事情就好，没必要去看别人的眼光。”

节目最后，岳红送上了对金鸡奖的衷心祝福：

> 四十年很漫长，但是在人生的长河里面就是一瞬间，叫沧海一粟。祝中国电影金鸡奖四十周年生日快乐！希望我们每一位从业的同事们，都健康平安，未来的路很长，我们要快乐地前行，带着你的梦想，去飞翔！

中国电影金鸡奖 40年

CHINA GOLDEN ROOSTER AWARDS

访谈录

刘烨

蓝羽会客厅 RECEPTION ROOM

刘烨：

金鸡奖最佳男主角，再下一城？

在中国电影报道《蓝羽会客厅》的金鸡奖系列访谈中，蓝羽对很多影人的话语念念不忘："大家觉得对待电影行业，就需要一辈子热爱一件事，然后把它做好，做到极致。"

这种精神态度，正对应了王继才和王仕花 32 年如一日守护祖国海岛的"守岛精神"。而凭借《守岛人》中的"王继才"一角，刘烨获得第 34 届中国电影金鸡奖最佳男主角提名。

这也是他第三次获得金鸡奖的提名认可。

早在 2004 年，他已经凭借在《美人草》中的出色发挥，成功加冕金鸡奖最佳男主角奖的桂冠；更早的 1999 年，彼时初出茅庐的刘烨通过《那山那人那狗》获得金鸡奖最佳男配角奖的提名。

接受主持人蓝羽采访时，刘烨坦言金鸡奖是国内最权威、最专业、最有影响力的奖项，国内每一个电影人都以能拿到金鸡奖为荣，"谁也别说假话，电影人都想自己的作品能够入围金鸡奖。"

在刘烨的演艺生涯里，金鸡奖一直是鼓励他不断前行、奋发向上的重要力量。

“陈力导演说一定要找眼神特别纯粹的人来演王继才，她有跟你说过这个想法吗？”

蓝羽把问题抛给刘烨，后者的回答显得有些“傲娇”：“导演认为我身上有纯粹的地方，觉得我还挺本真的。”

玩笑背后，刘烨其实能够理解导演的真正意思：如果王继才不是一个纯粹的人，他很难在一个岛上坚守32年，所以，扮演他的人应该尽量接近于纯粹的境界。刘烨表示，因为影片存在真实原型，他在演的时候，心里也特别有底。

开机之前，刘烨跟着导演走遍了海岛每一个可以下脚的地方。他还记得初见王仕花的印象，对方是个实在的人。因为长期生活在岛

• 刘烨“自夸”很本真

上，遇见每一棵树，每一块石头，仕花大姐都能讲起一段她跟丈夫的故事。比如挑水、遮雨布，很多看起来特别平常的事情，都让刘烨在潜移默化间完成了人物塑造的积累。

除了王仕花之外，刘烨还通过与王继才的孩子沟通，了解他们与父亲之间的故事。“跟志国、跟小宝聊天，有时候会感觉好像每件小事都无足重轻，甚至可能不是电影里边发生的事儿。”但了解多了，刘烨感觉，王继才的东西慢慢长在了自己身上。

志国曾经对刘烨说：“你身上有很多跟父亲相像的地方，我相信你能演好我爸爸。”这句话对于刘烨来说，是鼓励，同时也是压力。刘烨担心，演不出精气神的话，“很对不起人家。”

为了能够更好地塑造王继才的形象，刘烨在电影筹备期间就经常暴露在风吹日晒雨淋之下，尽可能让自己的皮肤看起来特别糙、特别黑。

影片拍摄阶段，他身上已经完全没有细皮嫩肉，增添了很多蚊虫叮咬的伤疤。“有些是受伤，有些是晒伤。这些伤疤平日不疼不痒，但当我每天晚上回去用热水冲澡时，身上就有一种被火烧的感觉。”

回过头谈塑造角色的辛酸，刘烨更多是轻描淡写地带过。在他看来，这些都是王继才的家常便饭，他只是尽量去还原。

令刘烨印象深刻的是，王仕花记得与丈夫 32 年来朝夕相处的点点滴滴，每次提及爱人，她都会禁不住流下眼泪。有次王仕花来片场探班，刘烨恰好在演王继才犯心脏病、被人从岛上救下来往外抬的那场戏。

“她坐在监视器前一直在哭。因为我上妆了，她相信我是王继才，相信眼前这个是她已经走了的爱人。”刘烨坦言，仕花大姐的眼泪是

• 电影《守岛人》剧照

对他表演的肯定。

对于《守岛人》这部电影，刘烨尤其在乎王仕花的评价。

他直言自己不考虑观众和票房等因素，这部作品至少得让仕花大姐满意。王仕花看完影片之后接受媒体采访，当被问及刘烨扮演王继才的表现如何时，她大方表示："非常认可！"

这个答案被导演第一时间传到了刘烨耳中。刘烨形容，那一刻才终于放下心头大石。

"《守岛人》闯过了基本的一关，我可以松口气了！"

伉俪情深，相濡以沫。刘烨坦言演完了《守岛人》，"守岛精神"让他感触良多，仿佛受到心灵的洗礼，"不管什么事情，我们只要坚持，任何事情都可以做到不平凡。"

于是蓝羽问他："有信心再拿金鸡奖最佳男主角吗？"

相较于刚开始的"傲娇"，这次的刘烨倒是谦虚起来，"电影本身能够给仕花大姐一个交代，她满意已经让我感觉像得奖一样。如果能够有更好的成绩，那我也会更高兴……"

花五年时间准备金鸡奖获奖感言？——"这条路还长着呢"

2004年，刘烨凭借《美人草》一举拿下金鸡奖最佳男主角，在领奖台上，他如孩童般高兴得手舞足蹈，一度成为金鸡奖的名场面。

当时，他对主持人倪萍说："倪萍姐，我很想大喊几声，但我现在嗓子不争气，扁桃体发炎，无法完成现在的情绪表达。《那山那人那狗》被提名过金鸡奖，但那次我没得，很沮丧。老师们那时对我说：'刘烨你一定还会有机会！'所以我准备的获奖感言没有扔掉。"

• 刘烨获得金鸡奖最佳男主角

说罢，刘烨真的笑着掏出发言稿，“感谢各位评委把这个奖颁给我，我会更加努力，就像《那山那人那狗》里面的话：这条路还长着呢！”

如他所说，前路漫漫。刘烨的演艺生涯，正是从《那山那人那狗》开始。

彼时的他还在中戏念大三。那个年代里，在校学生拍电影并不多，但刘烨却在《那山那人那狗》中拥有不少戏份。用他的话来说：“这很轰动，感觉像明星一样。”

但很少人知道的是，感觉像明星的他，在剧组里过的日子有多苦。

刘烨回忆，当时全剧组的伙食是一桶米饭和一桶酸豆角，每顿饭就是一勺米饭搭配一勺酸豆角。用来住宿的房间是类似仓库一样的地

• 刘烨“痛并快乐着”的拍摄生活

方，不仅很热，而且蚊子特别多。

仓库里有张木板床，为了培养与戏中小狗的感情，刘烨带着它都住在这里，“我睡在木板床的上面，狗睡在木板床的下面。我还得负责它的一日三餐，每天收工之后遛它，管它洗澡。”

刘烨形容过往的日子，是初生牛犊不怕虎，痛并快乐着。

凭借《那山那人那狗》收获金鸡奖提名时，他很兴奋。但最终，年轻的他与荣誉擦肩而过。

刘烨说，在大一快结束时，他曾犹豫过要不要继续做演员，甚至给父亲打了个电话说：“爸，我不想学了！你们不是特别希望我学建筑或者学法律吗？我可以重新高考。”后来，正是这次的金鸡奖提名成为鼓励他前进的动力。

那时，遗憾落败的刘烨还倔强地对自己说：“十年之内，我一定

• 与金鸡奖擦肩而过的刘烨立下誓言

要得奖!”

而从《那山那人那狗》到《美人草》，从提名最佳男配角到拿下最佳男主角，刘烨的蜕变仅仅用了五年时间。

刘烨拿下金鸡奖最佳男主角时，组委会给他的评价是：“表演质朴，感情真挚，能够把握时代气息，准确地塑造了人物的个性。”这也很符合外界看待刘烨的态度，天赋十足，光芒万丈。

但刘烨坦言，大家看演员这行好像很简单，只有入行之后才知道，演员这行太难了，“越往表演行业里边走，才会发现这条路越不容易走好。是失之毫厘，差之千里。”

曾经，刘烨的目标是十年之内拿下金鸡奖。他做到了。当下，刘烨谈及新的期待，“只想多拍些好的电影。”而面对这个新目标，他也正在不断前进，继续努力……

中国电影
金鸡奖
40年
CHINA GOLDEN ROOSTER AWARDS
访谈录
陈建斌
电影频道
中国电影报道 NEWS
蓝羽会客厅 RECEPTION ROOM

陈建斌：

一生在为角色做准备

我是在农村长大的，小时候看《大众电影》，上面有金鸡奖的照片，做梦也没想到，有朝一日我能拿到金鸡奖。

凭借《一个勺子》获得金鸡奖导演处女作奖，陈建斌的获奖感言真挚朴实，就像他在电影中塑造的小人物，质朴动人。

与主持人蓝羽一同回顾当时的场面，陈建斌仍难掩内心的激动，“金鸡奖是中国电影最高奖。这是我人生当中，最激动的时刻之一。”

“现在平静下来，如果再补充一下当时的感言，你会说什么呢？”

面对蓝羽的提问，陈建斌将思绪拉回 2015 年，“我要感谢剧组所有的主创，因为电影拍摄条件非常艰苦，在那样的环境里一块奋战，最应该感谢他们。”

“做导演，我想保持纯粹”

> 影片自始至终充满着浓郁的西北农村风情，真实、质朴、让人感觉故事恰当地发生在其中。演员表演自如，表达准确，电影语言流畅，极具现实意义和人文情怀。

这是金鸡奖评委会给陈建斌和《一个勺子》的颁奖词，也充分道出了这部处女作的过人之处。

1998年从影，塑造了无数高光角色，但陈建斌用了17年才拍成第一部导演作品。

他解释说：既然不是职业导演，就干脆让做导演这件事纯粹一点，“必须要达到我的标准，才会去拍。”

• 电影《一个勺子》剧照

鲁迅文学奖得主胡学文的中篇小说《奔跑的月光》，正是这样一个让他心动的故事。

拿到版权后，陈建斌仅用了半年时间，利用两部电影的拍摄间隙，在片场用平板电脑完成了剧本改编，行云流水，一气呵成。

虽然已做了充足的准备，陈建斌在开机前还是不由得压力山大："前两晚，都在做噩梦。但开拍第一天，一坐到监视器前，这些东西都消失了。"

访谈现场，蓝羽向陈建斌展示了一段《中国电影报道》独家探班视频。陈建斌却坦言，因为一门心思投入导演工作中，完全忘记了探班采访的事。

> 做导演太忙了。做演员，你只要管好自己就行了，所有人都会配合演员，导演就不一样了，导演一天要做无数个决定、无数个判断。

亲自做导演的体验，也让陈建斌对幕后工作者多了几分理解和敬佩。

> 我的心态发生了特别大的变化。导演是一个需要毅力和能力才能做好的职业，再做演员我就觉得一定要配合他们，帮助他们把这件事做好。

在探班花絮中，蒋勤勤这样形容与丈夫陈建斌的合作："在这个戏里我多半是服从他的。在现实中一起生活了八年，很多东西已经形成默契了，他觉得 OK 的，你也觉得很有道理。"

• 电影《一个勺子》剧照

对此，陈建斌笑着回应，在片场是他说了算，回到家里，蒋勤勤才是“劳道”（新疆方言中“厉害”的意思）的那一个。

由妻子和老友组成的班底，用家乡的“新疆普通话”拍摄，都为《一个勺子》平添了几分“私人化”的意味。

陈建斌这样解读：在做导演这件事上，想保持纯粹的状态。“我问自己，如果只导一部电影，我会拍什么？选择这个故事，用‘新疆普通话’的形式，是我一直想做的事情。既是给自己一个交代，也是给家乡一个交代。”

未来，陈建斌还计划以《一个勺子》为原点，拍出“新普”三部曲，展现家乡新疆的不同风土人情。

“只要演得动，就永远演下去”

提起陈建斌，不由得会想起《三国》中的曹操，《甄嬛传》里的雍正，他在小荧屏上诠释的大多是指点江山的帝王将相角色。

• 电影《无名之辈》剧照

到了大银幕上，陈建斌却收敛“锋芒”，演起了形形色色的小人物。

《一个勺子》里的“拉条子”，是淳朴耿直到有点傻的西北农民；《无名之辈》里的马先勇，是一心想成为协警的落魄保安；《第十一回》中的马福礼，则是憨厚执拗、想为自己翻案的“㞞人”一枚。

“这种反差感是故意为之吗？”蓝羽问道。

“不是的，这也是演员和导演的不同，演员常常是被选择的。”陈建斌如是回答。

“电视剧很难以小人物为主角，演帝王将相并不是我的选择，也许是市场决定的，但在电影里能抓住这样的小人物，我是很高兴的。不管作为演员，还是导演，我都不能只拍一种类型，我希望‘画廊’里什么样的人物都有。”

如何把这些小人物诠释得淋漓尽致、活色生香，陈建斌有一套自己的“方法论”。用简单的话说，就是要离生活够近，“当没有戏演时，正好用这个时间积累自己，感悟生活，为下一次创作做沉淀。”

“好演员不意味着演得多，而是他演得好，能塑造出给观众带来心灵感悟的角色，这种角色是需要演员在生活里认认真真去体验的，分分钟像流水线一样，或者上班式地演戏，是不可能塑造出这样的角

• 电影《第十一回》剧照

色的。”

正因为这样的态度，陈建斌坦言，自己没有所谓的“中年焦虑”，更不怕为下一个好角色付出漫长的等待。

“从你立志做演员那天起，就一直在为你不知道的那个角色做着准备，做着精心的磨炼。当有一天抓住它的时候，你才能说我对得起这个角色。就像老前辈常对我们说，你要耐得住这份寂寞，守得住这份平淡。”

导演处女作即获金鸡奖的认可，对陈建斌而言是莫大的鼓舞，“金鸡奖在电影人心中的分量是非常重的，我希望我们能真正拍出配得上金鸡奖、配得上这个时代的好作品。”

每年金鸡奖都设有一个特殊环节：颁发终身成就奖，向老艺术家致敬。这也是陈建斌感慨最多的环节。

“做电影最可贵的就是有一颗赤子之心，很多老艺术家八十岁了，眼睛里还散发着孩子一样的光芒，那就是最珍贵的东西。他们的一生都跟电影结合在一起，这才是真正的电影人生。”

对于迈入知天命之年的陈建斌而言，艺术生命也远未及终点。

“只要还演得动，就永远演下去。这是做演员的幸福。”

中国电影金鸡奖40年

CHINA GOLDEN ROOSTER AWARDS

访谈录

陶经

陶经：

让电影“有声，有色”

中国电影博物馆记录了中国电影的发展，《蓝羽会客厅》节目组也将录音师陶经的采访间安置在了中国电影博物馆的录音展厅。这里还收录了他使用过的录音器材。在金鸡奖的四十余年历史中，陶经已经获得了四座金鸡奖杯。

自1988年凭借电影《给咖啡加点糖》首次入围金鸡奖，到2021年凭借《一秒钟》第四次获奖，陶经见证了中国电影辉煌的历程。

在蓝羽看来，陶经从第一次被提名，到第一次获奖，是一种“十年磨一剑”的精神。诚然，在靠着他不断创新技术的从影经历中，每一尊奖杯几乎都相隔了十年。

用他自己的话说：“值得！”

他陪伴着第五代导演一同走向国际，又带领了新一代的电影人。从最初陈凯歌的《孩子王》，到开启中国商业大片时代的《英雄》，如今再到张艺谋返璞归真的《一秒钟》。“陶经”这个名字的意义，就已非凡。

• 陶经光彩熠熠的“金鸡小分队”

第一次

1978 年，可谓中国电影第五代的开始。

正是这一年，张艺谋、陈凯歌、陶经等一批有代表性的电影人考入北京电影学院（简称“北电”）学习。那时能考上电影学院，对于陶经的父母是件格外高兴的事情。因为父辈那一代都爱好电影，年轻时候的娱乐生活也离不开电影。

但当陶经第一次见到录音台的时候，像是进入了一个化学实验室，那是去模仿各种各样声音的地方。他至今没有忘记初见录音台时的感受，“是一种仰慕。”

上大学的时候，陶经和同学们并没有那么多机会接触到录音台。偶尔去一次录音棚，大家都会抓着负责的工程师，把这台机器里里外

• 电影《孩子王》剧照

外问个遍，“刚开始接触台子的时候，感觉就好像比开飞机还难。”

随着专业知识的积累，年轻的陶经明白，录音虽然是一项工程，更是一门艺术，“是要体现给观众在影片里的一种视听艺术的感受。”

1987 年，陶经真正开始了电影录音工作。第一部作品是陈凯歌的电影《孩子王》，当时陶经与另一位录音师——顾长宁合作。虽然对方晚于自己考入北电，但在求学之前，就已是西安电影制片厂的录音师。

除了《孩子王》，两人还合作了孙周执导的电影《给咖啡加点糖》。随后凭借该片，两人一同提名了第 8 届中国电影金鸡奖。

虽然最终是顾长宁凭借《红高粱》获得了该荣誉，但对于陶经而言，被提名已是一种巨大肯定。“当时拿到提名小本的时候，特别激动。因为金鸡奖一直是我们中国电影人的一个期许。”

回忆过往，陶经仍是少年时的飒爽。时至今日，他始终把这种态度传递给合作的晚辈。

在后续十年里，他和陈凯歌、张艺谋合作了《霸王别姬》《边走边唱》《摇啊摇，摇到外婆桥》等作品。而这些作品也都通过各类国际影展，将中国声音传递了出去。

甚至，陶经凭借这几部作品，获得了多项海外的重量级奖项的认可。但是对于金鸡奖，他心中仍有着一股劲儿。终于，1999 年，陶经凭借电影《荆轲刺秦王》拿下了人生中的第一尊金鸡奖杯。

“紧张。”即便早已各种荣誉傍身，但这是陶经首次在国内拿到的最重要的荣誉，“我上台前，一直在内心告诫自己，不能忘记感谢各种人，但表面一直在和别人傻笑。”

特殊意义

在陶经眼里，如果说第一尊金鸡奖杯是对他本人的认可，那么，凭借《英雄》获得的第二尊金鸡奖杯，则是对中国商业电影的一种鼓励。

众所周知，《英雄》开启了中国电影的大片时代。制片人江志强斥巨资投拍《英雄》，不管从哪个角度而言，对于每个参与其中的电影创作者都是一种挑战。

既然要做，那就得好好做。或许是同学之间的默契，陶经和张艺谋始终抱着同样的宗旨——“求新”。

在电影《英雄》中，导演张艺谋展现了非常诗意的中国美学，即便在声音上，也要求更飘逸、更诗意。

• 电影《英雄》剧照

影片中有好几场万箭齐发的戏份，张艺谋要求陶经能让观众坐在影院中，都感觉到这个箭到底是飞了几里地，还是几公里。

不仅如此，无名（李连杰饰）和飞雪（张曼玉饰）对峙的那场戏，风沙四起，最后无名刺中飞雪，一时万籁俱寂，飞雪倒地。

陶经并没有给两位主角太多的声音处理，而是在风响沙鸣上做足了文章，最终给观众呈现出一种诗意的萧瑟，“风像上苍的一只手，在抚摸着这些生灵，通过了他们的盾牌，通过了他们的盔甲，通过了无名的那根剑，有一种抚摸感。”

那一刻，谭盾的音乐也停止了，观众都沉浸在了北风肃杀的氛围之中。

这些细节在后期配音中更是体现得淋漓尽致。之前，《荆轲刺秦王》是由团队现场录音，但拍《英雄》的时候，则在后期处理中狠抠

• 电影《英雄》剧照

• 电影《英雄》剧照

细节。

《英雄》是甄子丹第一次和内地导演合作，习惯说粤语的他并不

• 电影《霸王别姬》剧照

擅长用普通话说台词，“他们翘舌会非常用力，一用力就感觉有点问题。”陶经不禁向蓝羽模仿起了那种腔调。

那怎么办呢？没关系，陶经有自己的方法。

他让甄子丹按照自己最舒服的感觉去讲台词，即便会有很重的广东口音，只要保证演员在表演中的表情和说话气息是对的就行。等到电影后期制作的时候，再找一个人帮他配音。

虽说是后期配音，但陶经会最大可能地保留住演员自己的气质。

事实上，当初拍摄《霸王别姬》的时候，他就已经在张国荣身上进行了实验，“我们当时让杨立新先生来配音，最后很大一部分还是保留了张国荣自己的感觉。”

在这种方式下，一个单字能被拆分成三个，从一开始的气口，到尾音，再到最后的咬字，“整个过程非常有趣。”

创新

《英雄》之后不久，张艺谋和陶经再一次合作了电影《十面埋伏》。

在外人看来，两部作品都是武侠题材，又都是来自同一位导演，似乎陶经可以用一些之前的声音素材。

但事实上，从影至今，陶经基本不留那些用过的声音素材。

“每次都会是新的东西。”而且两部电影相比，《十面埋伏》更实，《英雄》更飘逸、诗意一些，“有关铁器打斗的音色，《十面埋伏》用了一些《英雄》的基本元素，其余全都改了。”

每一次都是新的摸索。在《十面埋伏》的拍摄中，章子怡饰演盲女的击鼓戏可谓全片的名场面，但其实在这场戏的处理过程中，陶经一度陷入困境，苦苦寻找着一个音色，一种三秒钟就能让观众达到兴奋的音色。

• 电影《十面埋伏》剧照

• 陶经："金鸡"有声有色

最后，这个音色就落在了影片中刘德华撒豆子到鼓上那段戏。但千万不要小看这些豆子，它们都要晒得半干，因为刘德华在影片中是在咀嚼的。所以，豆子既要保证音色的纯粹，又不能影响到演员的表演。

每一次可能最终呈现只是短短几秒的声音，实则花费了陶经和团队许久的心思。但值得庆幸的是，这些付出都得到了回报——金鸡奖的认可。

陶经的创新和努力并不是为了金鸡奖，但是金鸡奖始终在鼓励着他去热爱电影，更坚定地从事电影事业。这是他，也是每个中国电影人的信仰。

伴随着金鸡奖的成长，陶经的电影故事未完待续，展望未来，他希望，"金鸡四十，有声有色。"

访谈录

中国电影
金鸡奖
40年
CHINA GOLDEN ROOSTER AWARDS

谢飞

谢飞：

“金鸡”破壳见证者

作为中国第四代导演代表人物之一，谢飞同时还是首届金鸡奖的评委之一。时光荏苒，他见证了金鸡奖的诞生与成长。2000 年，谢飞更是获得第 20 届中国电影金鸡奖最佳剧本特别奖。

“您是第一届评委会的委员之一，能不能回忆一下当年参与评选的情形？”

“非常荣幸。”面对蓝羽的提问，谢飞导演用四个字表达了四十多年前参与金鸡奖时的心情。

见证金鸡奖从无到有，1980 年中国观影人次 290 亿

1960 年，谢飞考入北京电影学院导演系，学制五年。1978 年，他独立执导的第一部作品《火娃》上映，从此开启导演职业生涯。1979 年，他又执导了电影《向导》，这也成为其能够担任第一届、第

• 谢飞深情回忆与“金鸡”结缘

二届金鸡奖评委的重要原因。

“上世纪 80 年代初期，影协创立了这样一个金鸡奖，那个时候于敏同志，还有影协程季华等，他们就想出了百花奖是群众、观众直接投票的，但是如果从专业角度能够设立一个奖，这样就跟百花奖可以成为兄弟姐妹，能够比较客观、公平、专业地来对我们每年的国产片进行（评价），通过评奖产生一种推动和支持。”谢飞回忆了当初金鸡奖创立的主要原因，即旨在通过专业视角评奖，推动国产电影的发展与进步。

1981 年，中国农历鸡年，金鸡奖评奖创立，定名为中国电影金鸡奖，以金鸡啼晓之姿，激励电影工作者为中国社会主义电影事业的兴旺发达而奋发努力。金鸡奖第一次评选是在杭州西湖畔进行的，聚集了当时中国电影界的各路代表。

“把我列入名单的时候，前面写着‘青年导演代表’。”回忆起当时的评委身份，谢飞记忆深刻。当时，中国近代著名文学、电影、戏剧作家和社会活动家夏衍，担任第 1 届中国电影金鸡奖评选委员会名誉主任委员，袁文殊、张骏祥担任主任委员，谢飞和白杨、于敏、谢铁骊等 22 位电影人担任委员。

提名第 1 届中国电影金鸡奖最佳故事片奖的影片有三部，分别是《天云山传奇》《巴山夜雨》《法庭内外》。最终，前两部影片并列最佳故事片奖。

“听说大家的争执还是非常激烈的，有这样的情况吗？”对于当时的评选情况，蓝羽好奇心满满。这个问题，或许只有第 1 届金鸡奖的评委会成员的回答最有说服力。

据谢飞回忆，《巴山夜雨》获奖的争议并不大，《天云山传奇》争论的声音比较多。不同的评委喜欢这两部电影程度不同以至势均力敌，于是协议给出并列最佳影片。

1980 年佳片频出很重要的原因，在于这些电影继承了中国电影的现实主义传统，并且开始表现普通生活。观众被这些佳片感动，频繁走进影院，让 1980 年的中国电影市场呈现出一派繁荣景象。

“有统计讲，在 1980 年，买票进影院的中国观众达到了 290 亿次，意思就是 10 亿人口每年每个人要买 29 次票进电影院去。”时至今日，谢飞回忆起当年的盛况，语气中仍然流露出激动之情。

首届“最佳男主角”空缺，第四代导演崭露头角

“第 1 届还有一个很有意思的现象，就是最佳男主角是空缺的？”

• 谢飞：金鸡奖要体现包容性

“对，因为当时那些（提名影片）男主角的戏份多的并不太多，好像提名就有《巴山夜雨》里的李志舆，但是我们又发现《巴山夜雨》是写给一个群像，都演得很好，所以大家就给了一个演员集体奖，顶替（最佳）男演员奖。”谢飞通过回忆，将蓝羽心中的这个问号拉成感叹号。“实事求是”这四个大字，也成为金鸡奖延续至今的重要评选标准之一。

一年之后，第 2 届金鸡奖谢飞继续担任评委。

第 1 届金鸡奖最佳男主角空缺的遗憾，这次没有重演。北京电影制片厂的演员张雁凭借《月亮湾的笑声》中的江冒富一角，成为金鸡奖历史上第一位最佳男主角。

当年，《沙鸥》《邻居》《西安事变》等几部影片，获第 2 届金鸡奖最佳故事片奖提名。前两部作品均为青年电影制片厂制作，它们在艺术探索方面带来的新鲜感，让中国电影第四代导演开始走进大众视野。

张暖忻执导的《沙鸥》给谢飞留下了深刻印象。1978 年，张暖忻的丈夫李陀提出电影语言现代化这一理念，引起了电影界、理论界、创作界对电影本体的一个争论。

“电影是不是要跟戏剧‘离婚’？然后张骏祥先生就明确说了，不仅不要‘离婚’还要‘结婚’，不要忘记文学的价值。青年导演热衷于在电影时空、语言、镜头上探索，但是你们不要忘记文学价值。所以这个争论反映在我们的作品上，也反映在评价上。”谢飞认为前两届金鸡奖展现出来的包容性，体现了这个奖项“百家争鸣，各抒己见”的特色。

1988 年，谢飞第三次以评委身份参加第 8 届中国电影金鸡奖评选。当时，第四代、第五代导演代表人物吴天明、张艺谋分别执导的《老井》《红高粱》，并列最佳故事片奖。

此外，《红高粱》获得第 38 届柏林国际电影节金熊奖，成为首部获得此奖的亚洲电影。这部作品也使得西方世界对于中国电影有了崭新认知。

从评委到获奖者，寄语金鸡奖更加大胆、创新

2000 年，谢飞获得第 20 届中国电影金鸡奖最佳剧本特别奖。此时，距离挑他第一次以评委身份参加首届金鸡奖，已经过去二十载。

“在您看来这么多年金鸡奖，对于我们中国电影的发展起到了什么样的推动作用？”

“金鸡奖是一个非常吸引电影观众，支持电影艺术成长的重要奖项。金鸡奖最佳影片的选择非常慎重，而且非常支持青年创作者。”面对蓝羽的提问，谢飞认为金鸡奖的设立，使得中国电影理论与创作形成相辅相成的局面。

“在这个行业我主要的任务是教书，我不是当导演，为什么拍了几部电影呢？因为我不能做空头导演，我必须要拍几部还过得去、像样的电影，我才能教好书，所以我就做一个真才实学的导演和老师。”年近八旬的谢飞坦言，教师这个身份远比导演重要，拍戏只是为了更好地教学。

时至今日，金鸡奖对于中国电影发展的意义及影响，已经毋庸置疑。在这期访谈节目中，谢飞与蓝羽共忆“金鸡”诞生缘由，回顾中国电影发展的光辉历程。

最后，谢飞也送上对金鸡奖的衷心祝福：

> 祝贺金鸡奖四十岁了，四十而不惑，那么我希望在未来的年月里，金鸡奖能够更加大胆地改革、创新，名副其实地做一个有价值的专业奖项。

访谈/录

中国电影
金鸡奖
40年
CHINA GOLDEN ROOSTER AWARDS

尹力

尹力：

电影是一种信仰

下半辈子再选职业，依然无悔，还是拍电影。

面对蓝羽的提问，尹力导演眼神坚定地说出了这句话。

说罢，他继续向蓝羽解释："今天我跟年轻人、跟很多电影学院的学生说，当你走进了电影学院，你不只是选择一个职业，而是选择了一个人生和信仰。"最后，他说出了心底的那三个字："爱电影。"

没毕业就差点得金鸡奖

早在北京电影学院美术系读大三时，尹力就以美术师的身份参与到了学校拍摄的《邻居》中。这部电影荣获了第2届中国电影金鸡奖最佳故事片奖，还获得了导演、男主角和道具奖项的提名。起步就是主创，一天助理没做过就直接得了提名，这对他来说无疑是巨大的鼓舞。

• 尹力和金鸡奖的缘分“说来话长”

当年的金鸡奖评委谢飞导演曾笑谈：“这俩还没毕业的学生要是第一部戏直接拿了金鸡奖最佳美术奖，那以后还干不干了？”这句玩笑话在很大程度上体现了金鸡奖在电影人心中的地位。

1990 年，刚刚拍完电视剧《好爸爸坏爸爸》的尹力，决定把自己的电影处女作献给一部儿童电影。时值北京亚运会，尹力以此为时代背景，拍摄了一部讲述一个孱弱的孩子如何在亚运会的鼓励下点燃心中热情的电影。这就是后来成为尹力代表作之一的《我的九月》。

当时，社会上有很多对于儿童电影的讨论，基本围绕着哪些电影是关于儿童的，哪些是给予儿童的，孩子演的是不是就是儿童片……尹力决定让《我的九月》打消这些争论。他的构想获得了当时的中国儿童电影制片厂厂长于蓝老师的大力支持，她也是对尹力的电影事业有着里程碑意义的恩师。

• 尹力的奶奶客串出演电影《我的九月》

或许是注定和金鸡奖有缘，尹力的第一部作品《我的九月》就荣获了第 11 届中国电影金鸡奖最佳儿童片奖。当时，儿影厂大门口张贴了大红喜报，全厂人都与有荣焉。电影一经问世，就收获了很多业内同行的肯定，大家闲谈时会互相问："尹力是谁啊？冒出一新人。"

电影展现了老北京四合院里的人间烟火和市井气息，令观众沉浸在 20 世纪八九十年代的韵味当中。尹力还让九十岁的奶奶客串了一位以观察者视角静观世事变迁的老人。白发苍苍的奶奶，就这样永远留在了这部豆瓣评分 8.8 的经典儿童电影中。

这段儿影厂的工作经历，也让尹力对儿童片产生了特别深厚的感情。后来，他在担任全国政协委员、导演协会副会长、电影家协会副主席、文艺评论家协会副主席、金鸡奖评委会主席等职务期间，不遗余力地为儿童电影放映问题奔走呼吁。他关注儿童电影多元化，提倡从小培养孩子对于影像的创作兴趣，还呼吁儿童电影进校园，这样既能完成电影的文化教育功能，又能反哺到儿童电影创作的源头，引领其进入良性循环。

从《张思德》到《云水谣》

进入新千年，尹力逐渐确立了属于自己的主旋律电影创作风格。2004 年，正值张思德同志牺牲暨《为人民服务》发表六十周年，时任北京市政协副主席张和平提出：“咱们只有十一个字——‘毛泽东、张思德、为人民服务’，能不能拍一部主旋律电影？”最终，这项重任交到了尹力手中。时间紧、任务重、要求高、资金少，尹力顶着各种压力，决心通过这部《张思德》用心动情地回眸那个历史年代，声情并茂诠释出“为人民服务”这五个大字。

• 电影《张思德》剧照

3 月 18 日接到任务，随即主创团队去往陕北的南泥湾、枣园、杨家岭、凤凰山等地体验生活，收集素材。此时，距离影片 9 月 8 日全国公映不到六个月，但剧本还没开始创作。于是，所有人进入“战斗”状态，编剧刘恒 4 月 30 日交剧本，导演尹力 5 月 7 日到陕北，5 月 14 日开机，7 月 25 日停机，紧接着进入后期制作，9 月 5 日准时在人民大会堂举行首映。

电影《张思德》将大家耳熟能详的事迹影像化诠释，加上演员的精湛演技，最终呈现出感人至深的效果。在很多普通观众的心目中，这种题材的影片往往会陷入概念化、说教、标语口号式的套路，但《张思德》却让年轻的观众闻到了火热的延安时期的味道，让小战士张思德深深走进了当代人的心里。

电影大获成功，接连斩获金鸡奖、百花奖、华表奖多项大奖，也使得那几年圈里流传着一句顺口溜：主旋律找尹力。对于蓝羽的这个提法，尹力解释道：“主旋律电影从上世纪 90 年代提出来后，从来不

• 尹力获颁金鸡奖：感谢母亲

会回避说什么能拍、什么不能拍，绝对不是一定用标语口号这种概念来堆砌，最后政府买单；而是也能够通过今天市场化的运作，包括让年轻受众完成审美的接受，在这些方面有很大空间可以创作。”

2006年，尹力一生中最重要的作品之一《云水谣》上映。这部兼具主旋律思想和商业化看点的爱情影片，不但横扫金鸡奖、百花奖、华表奖三大奖项，也让尹力集齐了金鸡奖、百花奖、华表奖三大奖项最佳导演奖。

这部电影将海峡两岸的骨肉亲情通过凄美的爱情故事演绎了出来，其中一见钟情、坚守一生的古典式爱情打动了几乎所有人。后来，影片在全世界很多国家放映，不同文化背景的人也能够看得懂，被感动。有看过《云水谣》的观众对尹力说：现实的爱情我已经绝望了，但是在黑暗当中，坐在那个位置看到大银幕上的这份爱情，我还是被感动、被震撼了。

蓝羽看完《云水谣》后，想起了木心的诗《从前慢》：从前的日色变得慢，车，马，邮件都慢，一生只够爱一个人……她在电影中看到了爱情最美好的样子。在尹力看来，哪怕爱情已经变成了理想，但“相信爱情”或许就是电影的魅力。在影院中的两个小时，观众被银幕的那份情感所打动，被银幕上所表现的爱情触摸到自己内心最柔软那一块，足以证明电影艺术的伟大。

荣誉感、责任感和付出，构成了《云水谣》中最重要的精神内核，尹力将之贯彻到自己的电影创作当中。从《云水谣》坚持上海拔4200米的高原拍摄，到《铁人》在塔克拉玛干沙漠46摄氏度的高温中“烧烤”，再转场零下38摄氏度的内蒙古呼伦贝尔，吃没人吃过的苦，做没人做到的事，才能完成对得起观众的作品。

蓝羽发现，《张思德》《云水谣》《铁人》这些作品，成就了陈坤、李冰冰、吴刚、吴军等很多演员。对此，尹力认为，他们共同的特点就是忘我投入、用心动情、灵魂附体，正如斯坦尼斯拉夫斯基所讲，99%的意识是为了1%的下意识。

在蓝羽看来，尹力的作品有一个共通的特点，就是通过平凡的小人物去展现大时代的背景。尹力点了点头说：“在一个洪流的大时代，一个历史变革的时代，要透过每个卑微的生命讲出宏大的叙事，这可能在很大程度上也是受了我们过去看那些经典影片的影响，包括《罗马11时》《乌鸦与麻雀》《人到中年》……都是透过生活当中鲜活的生命力，让你感知这样的人。”

2021年，尹力再次凭借《没有过不去的年》获得第34届中国电影金鸡奖最佳导演奖提名。在他看来，不论电影如何变化，电影科技如何进步，能够留下生命力的电影最根本的还是记录了时代，记录了人心，记录了普通人的情感。能够讲好故事，触摸到人内心最柔软的那一块，才是中国电影永远的希望之光。过了五十年、一百年，当后人想要通过影像来了解这个时代的人是怎么生活的，电影最能够让他们沉浸其中。

把上一代人、上上一代人看成自己的“同类”，并在那个年代的人表达出的情感上映射出自己的影子。这，就是尹力从事这个职业永远坚守的梦想。

访谈录

中国电影金鸡奖 40年 CHINA GOLDEN ROOSTER AWARDS

丁荫楠

中国电影
金鸡奖
40年
CHINA GOLDEN ROOSTER AWARDS

丁荫楠：

创纪录包揽九项大奖

“在您的心目当中，最早对于金鸡奖是什么样的印象？”听到主持人蓝羽的提问，导演丁荫楠回答得很简单，也很坦诚，“不得金鸡奖，不行啊。”

在他心中，金鸡奖是一个标志，也是一个考核，“得了金鸡奖就证明艺术家承认你了，说明你是一个合格的电影工作者了。”

从1982年丁荫楠执导的电影《逆光》获第3届金鸡奖最佳摄影奖开始，到《孙中山》《周恩来》《邓小平》组成的“伟人三部曲”屡获金鸡奖肯定，再到第33届中国电影金鸡奖颁奖礼上，丁荫楠荣获中国文联终身成就电影艺术家表彰，金鸡奖见证着导演丁荫楠四十年艺术生涯的全过程，“它一直鼓励着我，引导我前行。祝福金鸡奖越办越好，越办越红火。”

“《孙中山》获九项大奖，有点蒙”

丁荫楠做客《蓝羽会客厅》，特意带来了一座金鸡奖杯——他在1987年凭借《孙中山》获得第7届中国电影金鸡奖最佳导演奖。

• 电影《孙中山》海报

《孙中山》的成绩不仅如此，它还是金鸡奖历史上获奖最多的影片，一共斩获九项大奖，目前尚无任何一部影片打破这项纪录。

“没有奢望，就没想到。当时评奖，还有一个对手就是《芙蓉镇》，很厉害。”回忆当年获奖时的情景，丁荫楠历历在目。

当年，金鸡奖在评完奖后就可以公布获奖结果，于是，丁荫楠和电影出品方珠江电影制片厂的孙长城厂长一同拨通了评委

• 珍贵的获奖照片

倪震的电话，倪震让他拿本子记。“我一听这个就很奇怪，我说怎么拿本记呀。”没想到，《孙中山》一共获得八个单项奖，还有最佳故事片这一大奖。

“我们俩什么话没说，也没兴奋，就是有点蒙。”丁荫楠表示，当时没有太多庆祝，领奖才是他们最高兴的时候，因为好多人都估计不到会得这么多的奖。而在那之后，金鸡奖也再没有给同一部电影颁发九项大奖了。

回想《孙中山》的创作历程，丁荫楠透露，当时珠影厂参与制作的电影《廖仲恺》刚获得金鸡奖最佳导演奖，但导演汤晓丹并不是珠影厂的导演。孙长城厂长想“争口气”，下定决心要拍一部所有创作人员都来自珠影厂、都姓“珠”的巨片，《孙中山》就此诞生。

当时，丁荫楠执导的《逆光》已收获一座金鸡奖最佳摄影奖。按他的话来说，“反响不错，心气儿正牛”。孙厂长便找他来拍《孙中山》，先给了他五万美元，进行开拍前的筹备工作，全力支持他。

正在创作上升期的丁荫楠很感动，也认为这是一个难得的机会。他拿上五万美元，和制片主任、美术、摄影，四个人从香山（今中山市）到澳门，再到日本，重走孙中山的革命之路。他们感受到孙中山先生的不易，对他的贡献也有了更深了解，为电影创作做足了准备。

丁荫楠感怀，他的一生要感谢两个人：一个是母亲，让他从一个炼钢的炉前工，前往北京考取电影学院，从此走上电影道路；第二个人就是孙长城厂长。

刚到珠江电影制片厂，丁荫楠的工作是做场记、拍纪录片，没有什么成绩。孙厂长大胆起用新人，把重担交给丁荫楠，并给他深入生活的资金，以及十本胶片。“我觉得这在别的导演中，没遇到过这样的事。”

孙厂长给予丁荫楠很大的创作空间，于是他用十天、十本胶片组织摄制组试拍。在拍摄、剪辑完成后，得到孙厂长的首肯，就此正式开启《孙中山》的电影制作。

“最后还是良心的一票”

丁荫楠曾担任三届金鸡奖评委，其中两届是主任委员，领衔评选委员会。他介绍，金鸡奖的评奖过程都是不记名投票，非常公正，“再有干扰，再有这感情，再有什么也不行，最后还是良心的一票。”

评选委员会是老中青三代组成的班子，不同年代的电影人对电影的看法各异，在评审过程中，难免会发生激烈的争执和讨论，“甚至有拍桌子的，就说那不行，还有人掉眼泪”。

在丁荫楠看来，有争论才是好事，大家都可以把想法说出来，但到了投票阶段，“那是硬碰硬的”。

回忆当年《孙中山》没有获得最佳编剧奖，却也令他感到金鸡奖评审工作的严谨与认真。作为导演，丁荫楠只用了原剧本内容的百分之二三十，其他部分都是由他重新编写。评委们拿着剧本对照影片里的场景和台词，发现剧本和实际拍出来的不一样。

“所以没得奖我心里有数”，丁荫楠认为，竞争对手《血战台儿庄》因为编与导合作非常好，编剧完全按照导演的要求来写剧本，那么也就理应得到最佳编剧奖。

“我做电影一定要本着一个精神，就是绝对高度，要比人高一大块，这样就能够踏踏实实得奖。”丁荫楠在第一次获得金鸡奖时，就体会到这样一个道理：要得奖，作品就得过硬，就得绝对好。

“我最害怕不让我拍电影了”

在 2020 年丁荫楠导演获颁中国文联终身成就电影艺术家荣誉时，主持人蓝羽就是台上的见证者。丁荫楠真挚深情的获奖感言，也一直盘旋在蓝羽的记忆里。

他说：“电影是多么美好，多么光辉伟大的艺术形式啊！我作为电影人，感觉拍电影就是一次灵魂的表达，一次生命价值的表达，我感谢生活在这个时代！”

丁荫楠告诉蓝羽，拿到这尊金鸡奖杯，和之前所获荣誉的心情很不一样。“我是潜心于电影一辈子，这几十年没有干别的，这个人一

• 猛志固常在，事业无穷年

辈子选择了喜欢做的事情，能够做下来，又能够有一点成绩，我觉得我也就比较踏实了。”

即便已经获得终身成就奖，丁荫楠也不认为这就意味着他的人生画上了一个句号，“有人说你还拍吗？我说拍呀，接着拍，我最害怕不让我拍电影了。有了电影，我才能充满活力。”

丁荫楠没有退休，电影已经成为他生命的一部分，他对电影依然充满热情，还在准备拍电影，还要一直拍电影。

同时，丁荫楠也一直都在关注中国电影的最新动态，《红海行动》《我和我的祖国》《哪吒之魔童降世》《我和我的家乡》《悬崖之上》《长津湖》等热门佳片，他无一落下，“我干电影的，不看电影怎么行。不到电影院，在家里看都可以，反正一定要看，就不能落后。”

从 1980 年开始拍电影，丁荫楠从影逾四十年，从个人到作品，共获得16座金鸡奖杯，佳作频出，成绩斐然。蓝羽最后问他，这么多年来观察到电影行业最珍贵的精神是什么？

丁荫楠坦言："还是对民族的责任。电影是一个情感的传达，不是口号，光有口号是没用的。你必须得传达出来那种温度，才能感受到温暖、信念和信仰。"

访谈录

中国电影
金鸡奖
40年
CHINA GOLDEN ROOSTER AWARDS

宋春丽

宋春丽：

为表演奉献一生，无怨无悔

演员宋春丽与金鸡奖的缘分颇深。1988年，她就曾凭借《鸳鸯楼》获得第8届中国电影金鸡奖最佳女配角提名，之后的1996年、2001年，宋春丽两度入围金鸡奖最佳女主角，并悉数捧得奖杯。

29岁“入行”大器晚成，作品是演员立身之本

“您还记得第一次接触大银幕，拍摄《苦难的心》时是什么样的感觉吗？”与主持人蓝羽再度从表演生涯起点聊起，宋春丽也久违地打开了话匣。她笑着评价那时候的自己“傻死了”，在片场全程都是蒙的状态。比起对于拍电影的那份好奇，更多的记忆只剩下紧张。

“（有一场戏）我酝酿不出情绪，前辈演员一遍遍安慰我、启发我，我眼泪一下就出来了。”

过往，宋春丽曾以文艺兵的身份跟随部队走南闯北。而出发试戏

• 宋春丽不敢想象结缘“金鸡”

前，周围很多人对她这一次的“跨界”选择表示了担忧甚至质疑，将近29岁的年纪在演员这个全新的领域中并不占优势，但宋春丽却没顾虑这么多，“因为我就是做事很认真的一个人，就想干好这件事。”

1988年，《鸳鸯楼》中深爱丈夫却又妒意十足的妻子一角，让“大器晚成”的宋春丽获得了第一个金鸡奖提名。从曾经只能仰望“共和国二十二大电影明星”的小姑娘，到如今有幸进入艺术的殿堂，“当时我一下就有点蒙了。”宋春丽坦言，“演戏归演戏，奖项归奖项，我从没有过这样的盼望，我觉得（金鸡奖）是一件遥不可及的事。”

错失了那一届的最佳女配角，但宋春丽与金鸡奖的缘分却由此开始。《九香》中由她塑造的惟妙惟肖的农村妇女形象，帮助她一举拿下1996年金鸡奖最佳女主角大奖。《蓝羽会客厅》节目中，主持人蓝羽特别为宋春丽带来了当年领奖时的录像资料，令她惊喜不已。“当

• 宋春丽回看获奖画面感慨万千

时大家对我的期望值好像都挺高，”再次回忆荣耀时刻，宋春丽依然难掩激动，“有个老师在宾馆跟我说，你要是没拿到这个奖，我们都要找评委去说道说道。”

来自专业领域的认可，对于那时的宋春丽来说意义非凡。她依然清晰记得自己拍摄《九香》时的很多细节。比如，有一场做饭的戏，导演孙沙特别找到宋春丽，问她会不会“贴饼子”。“我说导演，这我是从小就干出来的，那时候我和我哥两个人在家做饭、揉面，基本顿顿都是窝头、咸菜，那都是我曾经吃到心里的苦。”

报送《九香》参加评审，也让演员宋春丽第一次有了真正意义上自己的“作品”。“我那时已经演过很多片子，但都不是我的‘代表作’，这次终于被认可了。”

• 电影《九香》剧照

一生只做一件事，为表演牺牲奉献一生，无怨无悔

2020 年，宋春丽参与拍摄了电影《守岛人》。影片原型人物、守岛英雄王继才的一句话，让她感触颇深，“人的一生可以只做一件事。这让我也更坚定了自己，认认真真、踏踏实实、刻苦努力地就干一件事（表演），干成它，干好它，这也是我一直以来的座右铭。”

演成它，演好它。回望宋春丽的表演生涯，她的确时时刻刻践行着自己的这句“座右铭”。除了世俗、大胆的画家妻子，质朴、平实的农村妇女，宋春丽还塑造过《相伴永远》中英姿飒爽的革命先辈蔡畅形象，以及不同类型的母亲形象。一个镜头、一句台词，有时甚至只是眼眶中掉落的一滴眼泪，每一处细节，她都希望倾注最真切的情感，把握住人物。

虽然在采访中她也曾言辞犀利地指出，演员这个职业要“年轻人自己去悟”，但一提到表演经验，宋春丽却又毫无保留地向后辈分享：

“如果说我有什么想要告诉年轻人，那就是拍摄时会有很多意想不到的外界干扰，但你要始终稳稳把握住自己，不要乱，你原本想要表现什么，就要紧紧地把握住。”

时至今日，宋春丽依然十分珍惜“文艺工作者”这个身份。从1979年入行至今，她始终保持着对职业的敬畏之心、奉献之心。

回顾过往，手握两座金鸡奖杯的宋春丽感慨，这个曾经需要“顶礼膜拜”的神圣奖项，好像突然就走到了她的身边。

“这两只金鸡，让我有一种幸福感。”宋春丽动情地说，“我由衷祝愿我们的金鸡奖永远高歌猛进，带着中国电影在国内国外，在所有观众心里，一直往前走！”

访谈录

中国电影金鸡奖40年

CHINA GOLDEN ROOSTER AWARDS

奚美娟

电影频道

蓝羽会客厅

RECEPTION ROOM

奚美娟：

初次“触电”就拿最佳女主角，她凭什么？

1991年，奚美娟凭借大银幕处女作《假女真情》，荣获第11届中国电影金鸡奖最佳女主角奖。

那时没有电视直播的颁奖典礼，奚美娟只记得在舞台剧排练的间隙，领导亲自将获奖消息告诉她。那一刻，她激动的心情难以言表。

“处女作就获得金鸡奖，是怎样的感受？”蓝羽问。

奚美娟想了想，平静地说：“我没有把奖项看得特别重，表演是终身的职业。得奖也是压力，下一部要想做得更好，要付出更多的思考和钻研。”

从“不上镜”到最佳女主角　15年舞台经验成就“金鸡”荣光

“假作真时真亦假”，电影《假女真情》讲述的正是这样一场“美丽的误会”：回乡寻找亲人的台湾老兵王福寿，误把王玉娟（奚美娟

• 奚美娟戏言自己“不上镜”

饰）当成女儿。为了稳定老人的情绪，王玉娟将错就错，以“女儿”的身份尽心照顾老人。

导演武珍年因为欣赏奚美娟在话剧舞台的表演，力邀其出演。面对邀约，奚美娟却有顾虑：“我对她说，我先要告诉你，我不太上镜。”

没想到，武珍年对她说：“女主角上不上镜是摄影的事，你别去想这个。”这一句话既是导演对演员的绝对信任，也让奚美娟心里的石头落了地。

“多年以后也印证了这句话，现在奚美娟老师的脸型是最上镜的！”蓝羽打趣道。

奚美娟笑着说：“社会的审美一直在变化，所以我不在乎这种外在的说法，表演才是最重要的。”

• 电影《假女真情》剧照

《假女真情》的故事从当时的社会事件取材，极具现实意义和人文关怀。奚美娟饰演的女主角既有真善美的宝贵品质，也有内心的纠结苦闷。她细腻质朴的生活流演技，更让人印象深刻。

“这个角色的表演没有什么大起大落，都是内心的纠结，人物内心的线索需要特别准确和清晰。身份是假的，但感情是真的，把握起来有一定的难度。”奚美娟解读道。

大银幕处女作就能获得金鸡奖肯定，离不开她在话剧舞台 15 年的钻研和磨炼。

在奚美娟看来，影视表演需要“微相表演”，“有时候眼神稍稍眯一下都能把内心深处的情绪表现出来。”而舞台表演需要放大，一气呵成，更考验演员的应变能力。

初尝电影表演，奚美娟并没有太多不适应，“舞台和影视是姐妹艺术，演员把两个艺术形式的特点想清楚了，就不会有太大的负担。”

这座沉甸甸的金鸡奖杯对奚美娟而言意义非凡，既是肯定，也是证明。“那时候经常有人评价话剧演员演电影有舞台腔，我心里是有一点点不服气的。”

“是不是可以说，这部电影圆了您多年来的电影梦？”

面对蓝羽的提问，奚美娟坦诚地回答：“谈不上圆与不圆，我非常热爱舞台，在舞台上整整磨炼了 15 年，并不是因为没有其他机会。能通过拍电影把平时对表演的思考，不同艺术形式之间的变化实践出来，这个机会是非常宝贵的。”

勤于思考、敏于实践。舞台与影视，一直是奚美娟坚守的两块表演阵地，缺一不可。

扎根生活　演活西北农妇　凭《一棵树》再度入围“金鸡”

“从一棵树到 2800 万棵树”。1997 年，“治沙女杰”牛玉琴的感人

• 电影《一棵树》剧照

事迹被改编成电影《一棵树》。奚美娟在其中饰演女主角朱珠，这也让她第二次提名金鸡奖最佳女主角奖。

电影中，她摇身一变成了朴实坚韧的“西北婆姨”，红棉袄、麻花辫的造型和大众印象中的奚美娟判若两人。

蓝羽不禁感叹：“两部电影连起来看，就会发觉形象变化太大了，为了角色，您很敢于牺牲自己的形象。”

“这是大部分演员都有的品质，也就是现在说的职业精神。”奚美娟说，“我们在牛玉琴（原型人物）家体验生活的时候，就把牛玉琴本人的一套棉衣棉裤买了下来，我从头到尾穿着，信念感一下就建立起来了。”

不仅是外形，奚美娟还要求自己全身心地投入人物状态中。拍摄朱珠背着因骨癌截肢的丈夫逛集市那场戏前，片场非常喧闹，但奚美娟仿佛与世隔绝一般，一喊开机就迅速进入状态，眼泪如泉水般涌了出来。

• 因为土，所以真

我在人物状态里的时候，就像用一个外壳把周围的喧闹隔开了，外在的东西影响不到我的情绪。

扎根生活，紧握社会的脉搏，也是奚美娟多年总结出的表演经验。“如果某一段时间，你对生活迟钝了，你的人物就不鲜活了。表演这个专业非常微妙，你必须要观察生活、关注生活，关注这个社会的人和事，如果你觉得这些跟你没有关系，是做不好这份工作的。”

从舞台到影视　活到老、学到老、演到老

从艺四十余年，塑造了无数深入人心的角色，奚美娟是少有的能同时兼顾大银幕、小荧屏和话剧舞台的“全能型”演员，更曾将各个领域的重磅奖项收入囊中。

“舞台、电影、电视表演都能驾驭自如，您是如何做到的?”

奚美娟总结起来，不外乎“坚持”和“热爱”两个关键词，“我经常说，我这一辈子就做了一件事，就是表演，从在上海戏剧学院学习表演专业开始，我就觉得我身体里有跟这个专业相通的地方。表演艺术是终身的职业，需要你不断思考和钻研。”

在 2022 年上映的电影《妈妈!》中，66 岁的奚美娟与 83 岁的吴彦姝饰演一对母女，演绎了一位八旬母亲照顾患阿尔茨海默病女儿的现实主义亲情故事。

两位女主角年龄加起来接近 150 岁，拍摄两个月的时间只有一天休息，奚美娟却不觉得疲劳，“吴老师都 83 岁了，她都不说累，我也不好意思说。拍摄有价值的题材，你就会乐在其中，这是最快乐的事情。”

北京国际电影节
天坛奖
入围影片
2022
北京国际电影节
天坛奖
最佳女主角奖
妈妈!
9.10
中秋献映
9.3/9.9 超前点映

· 电影《妈妈!》海报

和吴彦姝之间虽然有 17 岁的年龄差，奚美娟却说两人的表演观和生活观都非常契合，“沟通起来没有障碍，我叫她吴妈，她叫我奚小姐。”

与“吴妈”一样，“活到老、学到老、演到老”也是奚美娟对待表演的态度。

在奚美娟看来，奖项是对演员阶段性的肯定，但演员对表演艺术的钻研却没有穷尽。

> 表演是我安身立命的专业，我乐在其中也投入其中。直到今天，我也很注意学习。因为对艺术心怀敬畏，就不会盲目地说已经做到最好，而是一直保持着天外有天、山外有山的态度。

曾多次担任金鸡奖评委的她，希望能更多地发掘年轻一代中的好演员，也寄语青年演员多听、多看、多感受，不断学习和激励自己。

在给金鸡奖的寄语中，奚美娟说道：“金鸡奖的设立旨在鼓励更好的创作，希望今后一如既往地保持这种精神。”

这同样是奚美娟对自己艺术生涯的寄望：精益求精，孜孜以求。

中国电影
金鸡奖
40年
CHINA GOLDEN ROOSTER AWARDS

访谈录

霍廷霄

霍廷霄：

五捧金鸡奖杯，第五代导演的依靠

霍廷霄与主持人蓝羽会面时，一并带来了他的四座金鸡奖杯——凭借《炮打双灯》《英雄》《十面埋伏》《唐山大地震》，分获第14届、第23届、第24届、第28届中国电影金鸡奖最佳美术奖。2021年，霍廷霄凭借电影《革命者》，获得第34届中国电影金鸡奖最佳美术奖，将第五座金鸡奖杯收入囊中。

蓝羽不禁好奇："得了金鸡奖之后，有没有把这个奖杯放在很重要的位置？"

霍廷霄说："就是家里最好的位置，搬了四次家，别的都可以丢，这个永远是作为最重要的位置。"在他看来，拿金鸡奖是电影人的一个最高理想，能拿到一座"金鸡"，是一生的荣耀。

毕业不久，就获金鸡奖

霍廷霄的第一个“金鸡”回忆，从 1993 年电影《炮打双灯》开始。

那时他刚从北京电影学院美术系毕业，和陈凯歌导演连续拍摄了《边走边唱》和《霸王别姬》，都是担任美术工作副职。毕业第三年，初出茅庐的他迎来崭露头角的机会，在《炮打双灯》中担任联合美术指导。

毕业不久就获得金鸡奖的肯定，霍廷霄感到非常荣幸，“金鸡奖特别难拿，是对我后来这二十几年电影工作的一个鼓励，使我一直坚持做电影美术。”

这部电影令他印象非常深刻的是选景过程，他们从山东到山西，

• 电影《炮打双灯》剧照

走遍大江南北，去实地选取适合拍摄的宅院场景。

“那时候拍电影不像现在这么快，《炮打双灯》选外景就半年。”霍廷霄感慨，这部电影的拍摄很艰苦，还要克服严寒条件，但那时候他很开心，作为刚毕业的新人，能和第五代导演一起拍戏，内心充满对电影创作的冲动和热情。

谈及《炮打双灯》的美术风格，蓝羽想到何平导演曾对霍廷霄的一番称赞：“他说现实当中看到的颜色和镜头里呈现出来的不同，但是在霍老师的手中，最后总能呈现出让人看起来很舒服的效果。”

霍廷霄表示，刚开始和何平导演的确有一些分歧，因为他担心在美术上做得太旧，“他说你这些东西老是做得脏乎乎的，老是那么过。”

但是霍廷霄很自信，经过之前《霸王别姬》积累下来的美术经验，对视觉美学的理解和空间色彩的把控，令他相信：“实际历史戏，宁可我们的肉眼看过一点，在胶片上反映出来的正恰如其分。”

后来何平看到样片效果，证明霍廷霄的判断是正确的。这样的美术做法，在霍廷霄日后的创作中也得到延续和践行。

三种变化，三次夺奖

霍廷霄属于第六代电影人，而他的成名是源自第五代导演的电影，尤其是与张艺谋一起拍摄的《英雄》和《十面埋伏》，连夺第23届和第24届中国电影金鸡奖最佳美术奖。

《英雄》是霍廷霄与张艺谋的首次合作，也是张艺谋的第一部商业电影，他们在片中共同尝试探索如何用色彩来讲故事。

念苍生　忘生死
杀一人　救万民
十步之内　英雄现身
英雄
HERO
张艺谋第一部豪情武侠巨构
李连杰 · 梁朝伟 · 张曼玉 · 陈道明 · 章子怡 · 甄子丹

• 电影《英雄》海报

"红要红极致，绿要绿极致，蓝要蓝极致。实际导演那时候没想好哪种色彩配哪个故事，他就是跟我美术去商量。"后来，他们决定第一个故事就讲红故事，是一个情绪奔放热烈的故事。

霍廷霄介绍，张艺谋要求美术一定要创新，"红里头要有质感，不是平铺的红"。因此，电影最终呈现出来的红色调就带有一种浮雕感。

为了达到不同层次、富有变化的红色质感，美术组在拍摄地横店买来好几万支的鞋油，"我们用棕色、红色，还有黑色，反正几样掺起来，不停地把那个效果做出来。"从鲜红、暗红，到最终胡杨林场景由橙黄到血红的色调，色彩背后也藏有表达寓意。

到了《十面埋伏》，霍廷霄说色调相比《英雄》就"清淡"了，主要采用蓝绿色调，大部分是以唐代的敦煌壁画为主要色系。

片中最经典的一场戏是章子怡在牡丹坊里跳水袖舞。"导演跟我们说，美术千万不要设计成像电视剧里的那种俗套的古代娱乐场所"，霍廷霄介绍，为了设计出这个场景空间，他们做了很多创新，打破了中国传统娱乐场所的建筑结构。

"牡丹坊这样的一个广场，周围有半露天的斗拱，底下是一个椭圆形的。影背墙追求透亮，从底下打光，墙上的 18 个蝴蝶都是亮的。"还有摆放在四周的立鼓，这种造型是从"抱鼓石"衍变而成，鼓的颜色也全都采用手绘。

霍廷霄第四次获得金鸡奖的影片是《唐山大地震》。与《英雄》《十面埋伏》这类古装片不同，他认为："这个片得奖的原因是细节。它是现实主义题材，由细节来决定，就是道具的真实性、准确性。"

霍廷霄举例："地震前，那个老搪瓷盆里就放一颗西红柿，两个小孩争着要吃，结果妈妈就让弟弟吃，姐姐就记下这个印记了。后来

• 电影《十面埋伏》剧照

母女相认，回来也放了一搪瓷盆的西红柿，妈妈跟她说对不住，这次满足你这个心愿。”可见，影片成功借助道具来对应表达前后变化的母女情。

从《炮打双灯》的“刻意做旧”，《英雄》《十面埋伏》的色彩美学，到《唐山大地震》用道具细节来参与叙事，可见霍廷霄的美术风格丰富多变。

重启创作　再获金鸡奖

2011 年，霍廷霄暂时放下美术指导工作，回到母校教书育人。

中国金鸡百花电影节
CHINA GOLDEN ROOSTER & HUNDRED FLOWERS FILM FESTIVAL
第三十四届中国电影金鸡奖 提名入围
最佳故事片
《革命者》
最佳编剧
管虎 吴兵 张珂 京瑜
《革命者》
最佳美术
霍廷霄《革命者》
最佳音乐
窦鹏《革命者》
最佳剪辑
杨红雨《革命者》
革命者
管虎/监制 徐展雄/导演
「我们看见了那个您想要创造的新世界」

• 电影《革命者》海报

但后来他发现，“那几年刚回学校，老讲《英雄》《十面埋伏》，就那几部片，没有新的创作，给学生教课好像就缺点什么东西。”

从 2017 年开始，霍廷霄开始重新投入电影美术创作，包括《进京城》《决胜时刻》《守岛人》《革命者》《我和我的父辈》《长津湖》等。近些年来他拍了约十部作品，有了新的经验和体会。

2021 年，霍廷霄以《革命者》入围第 34 届中国电影金鸡奖最佳美术奖，并最终成功收获第五座金鸡奖杯。他表示，这部电影在美术方面下了很大功夫，电影场景非常多，叙事方式也很复杂，他尽力做到“不能超过三种色彩，做减法的色彩”，努力把控好整体的视觉美学传达。

提及获奖，他很淡然：“我拍戏从来没有想过得什么奖，我就是要把戏拍好。奖这东西是就是，有就有，但是你要坚持自己，好的作品大家还都会有共识。”

一座座金鸡奖杯记录了霍廷霄一部部优秀的电影作品，也见证了中国电影美术行业的发展和进步。如今，在我国从电影大国迈向电影强国的征程中，美术行业应如何贡献自己的一份力量呢？

面对主持人蓝羽对行业自身发展的提问，霍廷霄有很多自己的感悟。

> 现在是大美术时代，尤其现在新的科技技术，数字化到来以后，美术应该怎么去跟科技结合，实际会更加重要。主要是要培养高端人才，不停地更新换代。视觉美学还有很多要继续研究，可能离好莱坞还有一定距离，但是在不远的将来，在我们这一代或者下一代人可能会突破，要有这个信心。

霍廷霄希望能够培养出更多电影美术专业的青年人才，不只他拿了金鸡奖，未来只要为此努力的年轻人，都有可能拿到金鸡奖。

访谈录

中国电影金鸡奖 40年 CHINA GOLDEN ROOSTER AWARDS

刘晓庆

刘晓庆：

“我是中国电影见证人”

“看到这个奖杯应该觉得很亲切吧！”

蓝羽向刘晓庆展示闪耀光芒的金鸡奖杯。

做客《蓝羽会客厅》金鸡奖特别节目的嘉宾，通常会带上自己的金鸡奖杯。因为这座小小的奖杯，象征着中国电影人的最高荣誉。

但采访刘晓庆之前，蓝羽在会客厅为她准备了“同款”。因为包括金鸡奖杯在内，刘晓庆获得的所有荣誉，全部珍藏在位于重庆黄桷垭老街的刘晓庆艺术馆里。

作为20世纪家喻户晓的电影明星，刘晓庆曾经拿下无数荣誉，其中与金鸡奖缘分尤深。

1987年，她因出演《芙蓉镇》中“胡玉音”一角，荣获第7届中国电影金鸡奖最佳女主角。次年，凭借《原野》收获第8届中国电影金鸡奖最佳女主角提名。

刘晓庆自豪地向蓝羽介绍，她最早拍电影的时候没有金鸡奖，

“如果那时有金鸡奖，我都不知道得了好多届了。”

过往数十年的演艺生涯，刘晓庆创造了一个属于她的辉煌时代。在她看来，之所以把所有奖杯都捐给了刘晓庆艺术馆，是因为觉得大家都应该看到它们，“它们全部是珍品，永远不可以复制。”但随后她也补充，奖杯不能够说明一切。她最荣幸的事，是成为中国电影的见证人。

没有人比我更适合胡玉音　拍《芙蓉镇》时我就知道会拿奖

区别于由普通大众投票得出的百花奖，金鸡奖由专业评审评选出来，在刘晓庆心里，电影工作者一生能够得到一次都足以引以为傲。而她拍《芙蓉镇》时，已经有预感自己会拿到金鸡奖。

《芙蓉镇》原著出自古华之手，讲述了芙蓉镇上的女摊贩胡玉音靠劳动致富却饱受迫害的经历。她与秦书田在共患难的过程中产生真挚爱情，共同迎来拨乱反正的时刻。古华这本书一经出版即引发文化界的轰动。刘晓庆当时读过《芙蓉镇》，在读的时候她就已经非常自信，“胡玉音这个角色，就是属于我的角色。”

火爆一时的《芙蓉镇》，引发了导演们争相计划改编成电影。而最终拍成这个项目的，则是彼时名声响亮的谢晋。刘晓庆表示，如她所料，每一个要筹拍《芙蓉镇》的导演都来邀请她出演。但谢晋导演向她抛出橄榄枝，她感觉最特别，“是预料之外，又预料之内。”

预料之外是因为谢晋拍戏不喜欢用明星，喜欢起用新人，“但那时候我已经成名，获得过很多奖。”刘晓庆表示，预料之内则因为她认为没有别人比她更适合演胡玉音了。所以谢晋来找她，俩人在北影厂聊天，刘晓庆还打趣导演："你是选不到别人吧！"

玩笑归玩笑，一进入演戏的状态，刘晓庆又会变得严谨认真起来，她拍戏喜欢把自己变成这个人物。

为了演好在芙蓉镇上卖米豆腐的小摊贩胡玉音，她亲自苦练学习做米豆腐，"我做的米豆腐确实挺好吃的。"时隔多年回到芙蓉镇，刘晓庆还调侃当地朋友做得不如她。

刘晓庆向蓝羽分享拍《芙蓉镇》时有很多特别好玩的细节，比方说胡玉音跟她老公在一起数钱时，就会把蚊帐放下来，觉得躲在蚊帐里可以阻挡一切，会在里面悄悄地数。而正因为入戏时在很多行为细

• 电影《芙蓉镇》剧照

• 刘晓庆：我就是胡玉音

节上“变成”了胡玉音，当时刘晓庆跟别人交流，别人会认为她就是胡玉音，而并非刘晓庆。

拍完这部戏，刘晓庆成了芙蓉镇终身名誉镇长，镇上也随之开了不少“刘晓庆豆腐店”。蓝羽不禁笑称刘晓庆是“早期豆腐西施！”，而面对夸赞，刘晓庆有些谦虚，“进入角色后，我只是把这个人物的情况再现。”

谢晋曾经盛赞刘晓庆是个特别会演的演员。而刘晓庆也觉得谢晋特别会拍，堪称时代神话。谢晋执导《芙蓉镇》时处于巅峰时期。用刘晓庆的话说，他拍的电影一定会获奖，而且是毫无争议地获奖。他的电影女主角，都是历届金鸡奖和百花奖的获奖人物。

于是，蓝羽问刘晓庆，凭借《芙蓉镇》赢得金鸡奖的时刻是什么心情？

“没有什么心情，我从拍的时候就知道会得金鸡奖。当时我还跟身边的人说，要准备好颁奖词（获奖感言）。”

一直以来，刘晓庆自信十足。而她的底气，源于实力。凭借《芙蓉镇》拿下金鸡奖最佳女主角的第二年，刘晓庆凭借《原野》再度收获金鸡奖最佳女主角提名。

《原野》讲述了在民国初年北方一个偏僻农村里，农民仇虎从监狱逃出后向恶霸地主复仇的故事。蓝羽还清晰记得《原野》当中非常经典的一句台词：“我和你妈掉到水里，你先救哪个？”这个流传至今的“世纪难题”，正是出自这部电影。

刘晓庆介绍，当时影片一拍完就去参加了威尼斯电影节，而且获得了优秀影片推荐的荣誉，是一部真正走向国际的作品。但由于种种原因，比《芙蓉镇》拍得更早的《原野》于1981年才在中国香港首映，1988年在中国内地公映，所以，刘晓庆收获了一个“迟到的金鸡奖提名”。

感恩有机会拍优秀作品　我是中国电影见证人

刘晓庆自认是个幸运儿，有机会拍了很多优秀的作品。但回忆自己一路走来的历程，她还是感叹磨难太多。

刘晓庆毕业于四川音乐学院，后来参加了话剧团。她回忆自己首次试镜的经历，“当时我特别不突出。平常我觉得上镜的演员一看就是高大白，但我就属于有点儿远小黑。普通话不是特别好，台词都在心里像念英文一样先背一遍，才敢说出来。”

刘晓庆评价自己，还是比较含蓄，但胜在表演还可以。

众所周知，刘晓庆的大银幕首秀献给了《南海长城》。但很少人知道的是，电影幕后，刘晓庆差点经历换角风波。

刘晓庆在《南海长城》饰演渔民甜女。为此，她去汕头体验生活了八个月。八个月之后，导演对她说："我们现在要开拍了，时间来不及了，你就先演着吧。但我要告诉你的是，我们还在继续选演员，如果选到了就把你换掉！"

就这样，刘晓庆一边准备"随时被替换"，一边潜心研究自己的表演，"演着演着就拍完了，也没换掉我，所以就有了刘晓庆。"

在那之后，刘晓庆的演艺事业逐渐走上正轨。

"我是怎么发现我有点出名的呢？"刘晓庆分享了她的成名趣事，"当时我走在大街上，人们看到我就会说：'把她打蒙！'我还纳闷为什么要把我打蒙呢？看了半天原来是他们看了《瞧这一家子》这部电影，'把我打蒙'是我在里面创作的一句台词。"

观众把台词当成标签贴在刘晓庆身上，某种程度也证明了她所塑的角色深入人心。正如大家所见，《小花》《春花开》《八佰》……从艺数十载，刘晓庆倾尽心力，一步一个脚印走来，呈献了不少精彩的表演。

刘晓庆坦言从第一部电影直到今天，自己未曾改变的是对电影的初心。

而令她非常感动的是，曾经一份知名报纸做过评选，中国电影100人名单里有刘晓庆，中国电影50人名单里有刘晓庆，中国电影25人名单里有刘晓庆，最后中国电影5人名单里还有刘晓庆。"我觉得中国电影从来没有忘记过我，也不会忘记每一个为它作过贡献的人。"她感叹中国电影人贵在传承，自己则是中国电影其中一个见证人。

以从业者和见证人的身份，刘晓庆表达了自己对于中国电影的希冀：

金鸡奖确实是中国电影的最高奖项，中国电影人要为金鸡奖、为中国电影而奋斗；同时希望金鸡奖能够不忘初心、热爱电影、培养新人，让中国电影代代相传！

中国电影金鸡奖40年 CHINA GOLDEN ROOSTER AWARDS

访谈录

朱利赟

电影频道 中国电影报道 NEWS 蓝羽会客厅 RECEPTION ROOM

朱利赟：

给电影添把火

“真正拿到金鸡奖杯的那一刻，您的心目当中应该多了一份传承下来的责任感和使命感吧？”蓝羽指着朱利赟手中的奖杯问道。

“对，那是人生高光的一刻、人生最高潮的一瞬间。”朱利赟眼中闪着光，陷入了回忆。

早在 2015 年，他就凭借《绣春刀》提名第 30 届中国电影金鸡奖最佳剪辑奖，那是金鸡奖恢复最佳剪辑奖的第一年；几年后，他终于凭借《进京城》获得第 32 届中国电影金鸡奖最佳剪辑奖，在舞台上，他满怀深情地感谢了那个人……

“中国第一剪”是他心中的“大神”

第 28 届中国电影金鸡奖终身成就奖得主傅正义，人称“中国第一剪”，是朱利赟心中的剪辑“大神”。傅老得奖时说的人生感言，至

• 朱利赟谨记傅老教诲：天道酬勤 事在人为

今在他心中仍掷地有声："天道酬勤，事在人为。"这条傅老坚持了一辈子的信念，也成了朱利赟的座右铭。在傅老的大力奔走呼吁下，金鸡奖最佳剪辑奖在 2015 年得以恢复。朱利赟牢牢把握住了这个"前人栽树，后人乘凉"的机遇，凭借自己在《绣春刀》中对于时空观的创新剪辑手法，入围了当年的金鸡奖最佳剪辑奖。

"第一次提名，会有憧憬吗？"蓝羽如是问。

"不敢不敢，因为那么多年第一次恢复最佳剪辑奖，我就能有机会提名，这个已经是创历史的一件事儿了。"朱利赟忙摆了摆手，"《绣春刀》其实在剪辑的时候做了一些不一样的处理，但是好像除了导演，很少人认同我们做的这件事情，所以那个提名对我来说特别重要。"

2019 年，他终于凭借在《进京城》中对于自我时空观剪辑手法

• 朱利赟手捧沉甸甸的金鸡奖杯

的传承，荣获第 32 届中国电影金鸡奖最佳剪辑奖。他在领奖的人生高光时刻，深情地向行业前辈傅正义致谢："今天这个奖拿在我的手里格外沉，因为一辈一辈中国电影剪辑的前辈在不断地努力，请允许我向他们表示敬意和感谢！"

当蓝羽问及傅老在他心中的意义时，朱利赟说，傅老是他心中的"大神"，也是中国剪辑界每一位剪辑师心目当中的一个榜样人物。他还说，得奖是自己运气好，他们这些"后人"得感谢傅老这批"前人"栽树。

给电影加把火、添把料

"作为一个电影人，你有一个属于自己的研究领域，那真的是特别开心的一件事情。而且这个事情在金鸡奖上反复地被认同，给了我很大鼓舞。”朱利赟激动地说起了自己的创作心情。

谈起自己对剪辑的热爱，他更加滔滔不绝：“沉浸进去的话，在别人看起来好累、好寂寞、好辛苦，但我自己会觉得没有，我没有那么累。我觉得剪辑这个行业，首先最重要的是你得爱电影，一定得从大家觉得都一样的东西里边找到那个不一样的，那需要全神贯注地进行。”

在金鸡奖最佳剪辑奖获奖作品《进京城》的精剪过程中，有一天来了很多戏曲专家，说戏没唱完，得从头开始唱，改了大约一个小时，朱利赟站起身来说：“停一下停一下，不能这么改下去，我们一定要保证电影的东西，我一定会最大限度尊重戏曲本身。”

最终，他在剪辑中借鉴了很多戏曲的表现方式，展示了很多定格亮相的场面，“我们一定是根据素材做东西，先拿素材捋一遍剧作，再想办法给剧作加把火、添把料。”

而在《绣春刀》制作的最后一个月，他和团队伙伴们仿佛变身成厨艺精湛的大厨，将后半段故事完全变了“一道菜”，将整个片子做了五段大的平行剪辑，将时间、空间完全打破，甚至白天、黑夜的戏都混在一起剪。这无疑是极其大胆的尝试。

在 2019 年春节档电影《人潮汹涌》中，有两场戏分别是刘德华回家是白天，肖央回家是晚上，朱利赟没有丝毫犹豫，就把两场戏剪在一起——当一个穷困潦倒的人回家推门看见一个豪宅，一个住惯了豪宅的人回家推门一看，家里边都臭了，这种反应和反差，在具体情绪当中是一样的。

在蓝羽看来，最好的剪辑必须配合导演，给导演加分。他表示赞同：“对的，剪辑师你不要试图有自己的风格，你要做的事情是给

• 电影《进京城》剧照

这个电影号脉，然后看导演有什么需求，想办法把他的诉求发挥到极致。”

蓝羽追问道：“所以您和每一个导演合作的过程当中，都会非常默契吗？我相信在剪的过程当中应该有很多争执的时刻吧。”

朱利赟笑了笑，说：“我跟路阳这种关系，会争论得比较直接。拍《绣春刀》的时候，有一次我们都快打起来了。有一场戏是张震背着刘诗诗，然后刘诗诗说张震受伤了，就帮他捂着这个伤口。一开始拍的时候，我就觉得那场戏就用一个镜头就行；但是路阳觉得两边都得照顾到，我就坚持说，中间不要用剪辑点把它打断。等我们把全片都连起来的时候，我就不再跟他争这个事儿了，因为我觉得从全片的节奏上来讲是需要打断的，它的节奏是相同的。”

“后来我剪《刺杀小说家》时，我就跟老路（路阳）说，今天咱先不剪，咱先讨论一个事，这个小说到底能不能改变现实？就这事我们一共讨论了三到四个小时，其实最后的解决方案就是我们加了一句画外音就把这事儿解决了。”

每部电影，朱利赟都会收到上百小时的素材，先开始进行现场剪辑。《进京城》粗剪出来 150 分钟；《刺杀小说家》粗剪出来 4 个半小时；《人潮汹涌》粗剪出来 5 小时 40 分。他需要把它们剪到一个合理的放映时长，“因为时间太长了以后观众会疲惫，一定要考虑到观众能够接受多少信息量。”

蓝羽注意到了现场剪辑的概念，朱利赟解释道，他最早接触现场剪辑是在徐克导演拍摄《龙门飞甲》的时候，那会儿他帮导演验证分镜头。一开始，他还不能理解为什么徐克导演经常会过来问他：“我们拍得够不够？”因为徐克导演是胶片时代过来的，为了省胶片，会需要把每一个分镜头进行剪辑。

而当数字时代到来，大家不需要再去为省胶片这件事去担心。尽管朱利赟 2009 年的毕业作业还在用胶片，但毕业以后就全部数字化了，这让很多项目的成本大大降低。朱利赟说：“剪辑组就我一个人，只有数字时代可以支撑我们这么干，完全是沾了数字时代的光，才会有这么多的素材可以供我们自由发挥。然后剪辑真的变成了剪辑，而不是说只是导演的一个执行。”

对于剪辑的未来方向，他认为未来的电影会进行一些突破时空，把情绪和表达的东西作为主线去叙事的改变。因此，他也在努力往这个方向去试，也看到很多人努力在做这类的尝试。

访谈录

中国电影金鸡奖 40年

CHINA GOLDEN ROOSTER AWARDS

章绍同

章绍同：

三捧“金鸡”，从黑发到白发

好的音乐能够马上把我们带入电影的情境当中。

在和作曲家章绍同的对话中，主持人蓝羽点出了音乐和电影之间的某种关系密码。

“前两次领奖的时候还是黑发，第三次拿奖已经白发了。”章绍同曾在颁奖典礼现场自我调侃。做客《蓝羽会客厅》当天，他带来了三座奖杯——凭借《相爱在西双版纳》《台湾往事》《周恩来的四个昼夜》，分获第18届、第23届、第29届中国电影金鸡奖最佳音乐奖。

三部影片，三次与不同导演的合作，章绍同从云南回到福建，再到河北，将城市的特色文化融入音乐创作之中，为影片提供了更多的灵魂共振。

章绍同和金鸡奖之间的缘分并不止于此。他第一次参与电影音乐创作是1981年的《小城春秋》，而彼时的金鸡奖正“破壳而出”。

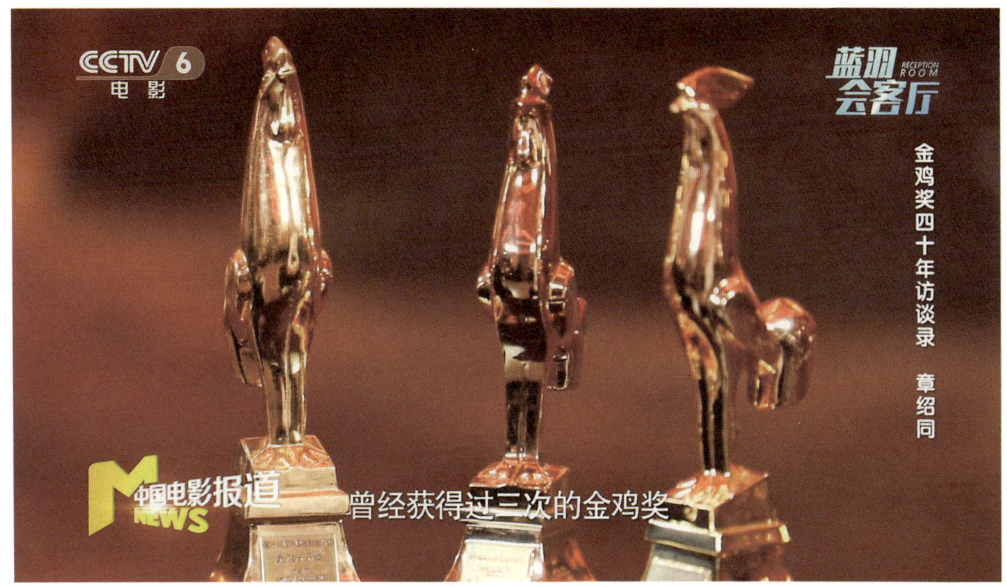

• 三座“金鸡”记录了章绍同的艺术历程

《相爱在西双版纳》 民族和流行的破次元融合

“非常高不可攀。”和每个电影人一样，金鸡奖在章绍同心中有着特别重的分量。

早在 1989 年，福建电影制片厂推出了《欢乐英雄》《阴阳界》等影片，导演吴子牛也因此获得了当年的金鸡奖最佳导演的荣誉。“我印象中特别隆重，同时觉得特别不容易。其实没想过自己会得，但就是在一直努力。”

《相爱在西双版纳》是章绍同第一次拿下金鸡奖的影片。

在很多人印象里，配乐师通常是拿到电影成片之后，再开始进行音乐的创作。但章绍同则不然，在创作《相爱在西双版纳》的音乐时，他跑到剧组实地考察，甚至到云南其他地方采风。

• 章绍同回忆去西双版纳采风

“我觉得云南的民歌资源极为丰富，我也想趁着这个机会好好学习一下。”章绍同跑了不少地区，每到一个地方，就找来当地百姓唱歌，并录了下来。

在创作初期，团队希望能为电影创作一首歌，让电影带点歌舞片的气质。而电影中男女主角的设定并不是纯粹的当地人，男主是海归华侨，女主是傣族人，两人的身份产生了足够的戏剧冲突。

正是这种冲突的设定考虑，章绍同在音乐创作中既保留了民族的因素，同时融合了流行元素。

这种融合在 1998 年的时候仍属新潮，“流行元素其实是一个时代的趋向，我们作为创作者要明白怎么跟这种趋势结合。”

章绍同并不是盲目地进行“1+1”式的结合，而是尽可能地保留中国民族元素。“在音调上，里面放入很多傣族的元素，比如使用了巴乌、象脚鼓等乐器，但在节奏和唱法上面，会带一些流行音乐的元素。”

这次的创作，对于章绍同而言就是一次将自己对音乐和电影的理解进行有机合理的融合，相较于他第一次“触电”可谓极大的进步。第一次为电影写配乐时，章绍同还在上海音乐学院念书，“很有意思，开始非常想把在学校学到的全部内容都用到里面。”如今回想起年少时的创作，他也不忘反思，“效果做得不是非常好。”

《台湾往事》：汲取乡土养分的创作

“音乐不要跟电影去打架。”在一次次的配乐工作中，章绍同找到了电影配乐创作的门道，“电影音乐如果要做得好，一定要跟导演沟通非常好。导演会给你提要求，你要吸收这些意见，甚至把这些内容做出自己的风格。”

在他眼里，郑洞天和陈力是两位非常具有音乐审美的导演。他和这两位导演都合作了多部作品。

跟郑洞天导演合作的《台湾往事》，是让章绍同二擒“金鸡”的作品。

郑洞天用回顾的方式，把整个日据时代台湾人民所受的民族压迫呈现得淋漓尽致。在章绍同的原本计划里，这部电影的配乐要体现更多的民族味道。

“但郑导跟我说，要表现人物的情感内心，以弦乐为主，呈现出一种非常抒情、非常内在的东西。而且电影是回忆往事，所以音乐的节奏要比较舒缓。”

当时，中国台湾不少民谣和福建地区是相通的，身为福建人的章绍同以一首两岸传唱度较高的民歌《婴婴困》，作为这部电影的主题音乐。

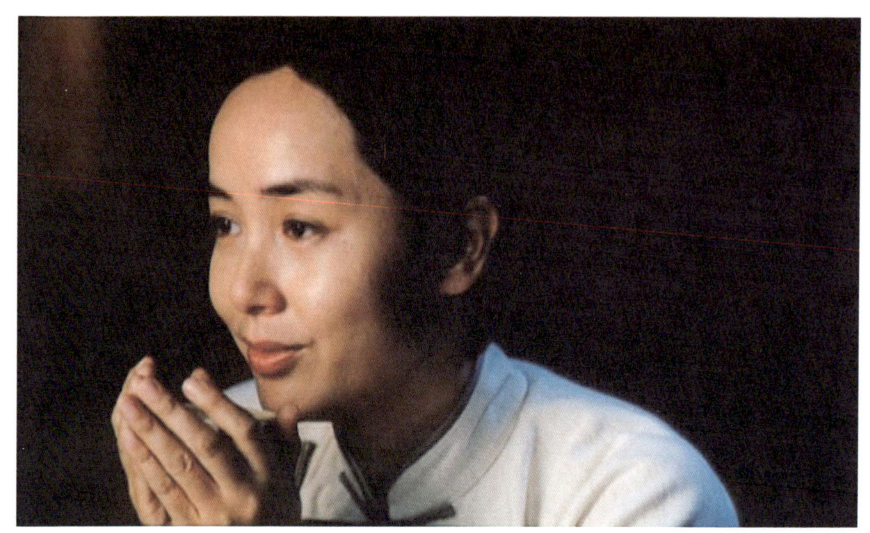

• 电影《台湾往事》剧照

诚然，章绍同在写这部音乐配乐的时候，内心情感是澎湃的，“这就是血缘相通，所以习俗、语言都是一样的，而音乐和语言都是相关的。”

在创作《台湾往事》的时候，章绍同始终充满着感情：“艺术创作的根在这里，写《台湾往事》的时候不会感觉是飘在空中的，内心都是跟这块土地紧紧相连，是这个土地给我的滋养。”

《周恩来的四个昼夜》：为每部电影量身定制音乐

凭借《周恩来的四个昼夜》三获“金鸡”，完全是章绍同意料之外的结果，“我觉得两次就差不多了。”

和前面两部作品一样，故事中的乡土元素依旧给予了章绍同不少灵感。

当时，导演陈力在河北实地取景，于是章绍同跑去剧组采风体验

• 电影《周恩来的四个昼夜》海报

生活。在这个过程中，他接触到了当地的武安落子——河北地方戏曲剧种之一。于是，他在电影片头采用了这种传统音乐。

这部电影并不是单纯地展现地方特色，正如片名所示，周恩来总理才是影片的主角，“我的重点是表现周总理的大爱情怀，很多地方用了大提琴，然后再加上当地民间的音乐元素。”

这种微妙的融合在蓝羽看来，“除了演员的表演之外，音乐就成为主角。”但这并不是说明音乐抢戏，反而做到了锦上添花。

从黑发到白发，改变的不只是章绍同的外貌，更多的是他内在的经验。

“每一部影片的音乐都是为那一部影片量身定做的，而不是拿来到处通用的，这是我的一个观点。第二个观点，如果把电影比作一个人的话，音乐就是在人类体内流动的血液。”谈到核心之处，章绍同有着鲜明的表达。

正如蓝羽所言，好的电影音乐能够牵动观众的情绪。很多电影时隔多年，观众再次听到那段旋律时，仍会回想起那个画面。

这种感动观众的创作，正是章绍同时至今日在配乐工作中最为享受的地方，“就要全身心投入到创作中，我自己有个体会，就是自己写的时候要感动自己，音乐才能够打动别人。如果写的时候，自己都没感觉，后面也不会有效果。”

现实中，只要有观众因为音乐而感动，“那是真的找到了知音。”这种快乐对于章绍同而言，就如同回到获得金鸡奖的那个庄严时刻，“那是人生中间短暂的几分钟吧，也是我生命中最炙热的一部分。”

中国电影金鸡奖时刻拨动着章绍同心中最美的那根琴弦。抱着这种情感，他写下了自己的祝福：“我祝愿我们中国电影不断地攀上高峰，在国际上受到越来越多的观众的欢迎。”

中国电影
金鸡奖
40年
CHINA GOLDEN ROOSTER AWARDS

访谈录

王志飞

王志飞：

第一批得“胖鸡”的幸运儿

当被蓝羽问及金鸡奖对于自己的意义，王志飞坦言：金鸡奖绝对是中国电影的最高奖项。拿下金鸡奖，是对自己三十多年演艺生涯不断往前奔跑的一种褒奖和鼓励。

因为新的金鸡奖杯较之前大了一号，他还打趣自己得到的是一尊“胖鸡”，“它更浑厚、更沉重，今后也赋予我们更重的责任。”

2019 年，中国电影金鸡奖迎来大变革，评选周期改为每年评选一次，金鸡雕塑在厦门揭开神秘面纱，金鸡奖杯造型也发生了变化。新奖杯与全新金鸡雕塑采用同款设计，体现中国电影人不畏艰难、勇于探索的创新精神。

很幸运，王志飞是首批新金鸡奖杯的获得者之一。

如今，王志飞带着珍贵的金鸡奖杯做客《蓝羽会客厅》，两人再度透过曼妙光影，回忆着当年温馨动人的一刻。

无心插柳柳成荫　凭《古田军号》勇夺金鸡最佳男配角

“导演我再问一遍，您真的要把朱德这个角色交给我？”

因为不是特型演员，外在形象又不够相似，王志飞当初对于在《古田军号》中出演朱德并不自信，觉得不可能会有导演找他演这个角色。

• 王志飞塑造的朱德形象

他还记得第一次去见陈力，刚进门的第一句话就忙着确认导演是否找错了人。而陈力回答得倒是直接：“没有找错，没有候选。”

导演的话给足了王志飞信心与动力。他随即暗自下定决心，不懈怠、往前走、往上冲，一定要演好这个角色。

朱德是一个威严刚毅、又有点倔强的人，对时局分析和战局预判有绝对的洞察力。但因为自身的形象着实与朱总司令有点差距，所以，王志飞对于这个角色的塑造换了一个考虑的角度，“适当放弃对外部形象的要求，花大气力在人物行为和精神方面。”

“都说我们朱总司令憨厚老实，那他为什么忠厚？因为他寻找到了目标。”王志飞向蓝羽介绍，朱德能够奋不顾身参加革命，绝对不是“憨厚老实”四个字就能够概括的。

因此，他在表演时拒绝用简单化的常规人物塑造手法，而是潜心研究朱德本人的面部表情，还特别学了一口地道的四川方言，以更好地塑造这位革命先辈的形象。

王志飞将拍摄过程视为用特殊方式去寻找革命家初心的过程。他坦言，一开始不能完全理解革命家浴血奋斗的心路历程。直到坐上通往剧组的汽车，一点一点靠近拍摄地古田会议旧址，看到革命先辈曾经居住和奋斗的地方，他对于这些英雄的认识和感受可谓豁然开朗。

贯穿整个拍摄周期，王志飞逐渐摸到了老一辈的初心，“坚定的信念支撑着他们向前。”

从一开始不够自信，到后来怀揣忐忑心情拍完这部电影，王志飞一直不敢对奖项有所憧憬。但偏偏无心插柳柳成荫，因为《古田军号》，因为“朱德”一角，他斩获了人生中首座金鸡奖杯。

组委会给王志飞的评价是：

以极富魅力及张力的高超演技演绎出领袖人物的复杂性和立体感，突破了类型人物塑造的脸谱化，将一位众所周知的领袖形象刻画得生动、有血有肉、令人耳目一新。

而正如数十年前老一辈奋斗向前的初心，站在金鸡奖领奖台上的王志飞，也特地用了“初心”两个字，形容自己拍摄《古田军号》时的感受。

实际上，对于电影，对于英雄，对于历史，王志飞的初心从未改变。

电影宣传期间，王志飞为了让更多观众看到《古田军号》，花了近六个月的时间参加路演宣传。他一直跟着导演跑东跑西，一度刷新了他的路演时长纪录，甚至主动捐出了自己这部戏的全部片酬。

“这很有必要，我也很愿意这样做。”回首过往，王志飞向蓝羽分享捐出片酬的出发点，“希望年轻观众能够坐在影院里，花两个小时去了解革命先辈的无私奉献，感受一次全新的洗礼。”

要爱角色，不能去秀自己——寄语青年演员不要比咖位，要比谁能走更远

王志飞在大银幕上多演配角，《雨中的树》是他罕见担纲主角的作品。王志飞直言拍这部电影是奔着金鸡奖而去，但有心栽花花不开，影片最终没有获奖。

王志飞至今仍把《雨中的树》当成人生中永远不会遗忘的记忆。但这份难忘，不是因为担纲主角，而是因为拍这部戏“太苦了”。

• 电影《雨中的树》剧照

《雨中的树》讲述了四川省万源县委原组织部长李林森（王志飞饰）短暂而卓越的一生。戏外，身为公仆的李林森风里来雨里去地服务群众；戏里，王志飞也为还原抢险救灾的场面吃了不少苦头。

王志飞回忆，一起演戏的还有牛、狗、猪、鸡、鸭等动物，拍摄时它们也一并泡在水里，全部都排泄在里边，难免让水受到污染。但在这般恶劣的环境里持续拍摄，王志飞不但没有抱怨，反而感到喜悦，甚至连腿受伤也顾不上，完全忘我地沉浸创作之中。

“演员嘛，戏比天大，都是这样的！”对于王志飞来说，对待每一场戏，他的态度都很明确，那就是全力以赴。正得益于这股劲儿，从大银幕到小荧屏，他总能凭借出色的演技让观众眼前一亮。

诸如《扫黑风暴》里的高明远、《大秦帝国》里的卫鞅、《沉默的证人》里的陈俊威……无论是正派还是反派，他都能演出一番独特的滋味。

“《扫黑风暴》我一集没落地看了，而且是追剧看的，还花了不少点播的钱！”蓝羽笑谈。这部剧播出时风靡一时，吸引了大批像她一样的粉丝。戏里王志飞饰演的黑恶势力代表高明远，不露声色却坏事做尽，令大众印象深刻。

多面化的高明远属于王志飞喜欢挑战的角色类型。因为《扫黑风暴》根据不止一个真实案件改编，所以像“孙小果案”“白银大案”等案件，王志飞都会去了解，更不用说高明远的原型案件报道。“我试图明白他们怎么做、为什么这么做，演起来心里边就更有谱。”但王志飞也谦虚地表示，“高明远”活在另外一个世界，完全搞清楚他有点难，他只是把一个让观众看完以后有所警惕的角色展现出来。

从艺数十载，王志飞演出过大大小小、数以百计的角色。配角也好，主角也罢，他总以最高标准要求自己。而随着年龄不断增大，他坦言对于获奖的理解有了变化，“奖项是一种肯定，但也意味着观众对自己更高的期待。”

近些年来，王志飞感觉到拍摄环境已经发生翻天覆地的变化。比如，当下有些青年演员的工作时间有限定，时间一到一分钟都不多待。

对此，他认为演员应该坚守可贵的品质，选择光明的方向继续走下去。“作为演员，我会继续不忘初心，为社会主义文艺的繁荣尽我最大的努力，希望或多或少带动着同样的后辈们，把他们的注意力吸引到这条路上来。”

以前辈的身份寄语青年演员，王志飞最后这样总结：“这个行当比的不是谁更高，而是比的谁能走得远。这条路实际上很窄，可奔跑在这条路上的人很多，机会很少。演员要爱角色，不能秀自己。只要肯脚踏实地，就有可能完成自己的目标。否则，还是把这路让开吧……”

访谈录

中国电影金鸡奖

40年

CHINA GOLDEN ROOSTER AWARDS

陆小雅

陆小雅：

用真诚与激情表达生活

凭借电影《法庭内外》提名第1届金鸡奖最佳故事片奖；凭借电影《红衣少女》荣获第5届金鸡奖最佳故事片奖，同时提名了当年的中国电影金鸡奖最佳导演奖。

时光荏苒，回想起获得提名的经历，陆小雅至今记忆犹新。当年与《法庭内外》同获提名的《巴山夜雨》《天云山传奇》等作品，都是中国电影史上艺术性与思想性兼具的经典之作。虽然《法庭内外》最终并没能获奖，但她已经备受鼓舞。尤其是老一辈的电影艺术家对她的真诚鼓励和殷切期望，成为她日后创作生涯中源源不断的动力。

"印象很深的就是谢晋导演，因为跟他有过一些接触。他对电影事业的热爱难以用语言形容。他一见到我就说拍电影，快拍呀，你怎么最近没拍电影了？我一直记得他对我的这种勉励。"陆小雅深情地回忆道。

风靡一时的《红衣少女》

1984 年，陆小雅根据著名作家铁凝的小说《没有纽扣的红衬衫》改编而成的电影《红衣少女》开始拍摄。影片上映后风靡一时，在社会上取得巨大的反响。观众热情的书信如雪片般纷至沓来，陆小雅自己留存的就有八百多封，后来捐献给了电影博物馆和中国传媒大学。不过，她至今很遗憾自己没能给每一位影迷朋友亲笔回信。

《红衣少女》后来获得了第 5 届中国电影金鸡奖最佳故事片奖，

• 电影《红衣少女》海报

• 陆小雅畅谈《红衣少女》创作理念

可谓实至名归。当年，金鸡奖组委会给予影片的评价是：

> 塑造了当代青年安然的动人形象。她的美好心灵、真挚感情和求实精神冲击着人们的陈旧观念和习惯事理。影片的内涵丰富，发人深省。艺术构思新颖，风格清新质朴，特授予最佳故事片奖。

陆小雅记得当初获得这个奖项之后，整个峨眉电影制片厂都很高兴，厂里还特意升起了两三个大气球，下面垂着飘带，用红字写着“庆贺《红衣少女》获得金鸡奖最佳故事片”和“感谢陆小雅同志”。她见到后非常开心，除了因为获得荣誉，还因为父母透过家中的窗户就能看到这几个大气球。这让一直以来认为自己没能给父母提供更好经济条件的她，有了些许慰藉。

那是她看世界的眼睛

在做客《蓝羽会客厅》的当天，蓝羽特意穿着了一件没有纽扣的红色衬衫，与影片中女主角安然的红衣非常相似。这一幕唤醒了陆小雅温馨的记忆，因为这件衣服在《红衣少女》中有着独特的意义。

“因为它是个符号。从全片讲，它是安然的一种独立的思考，要用自己的眼睛看世界的，这么一个有个性、真诚的女孩子的内心表露。影片中的矛盾也是由这件红衬衫引起来的。”谈及自己当初创作这部作品时的理念，陆小雅特别强调了影片中安然徘徊在白杨树林里的那场戏。树干上那一只只眼睛形状的疤痕，寄托了深刻的寓意。

“我就在想，这一双双眼睛，每个眼睛都是不同的一种情绪。安然发现白杨树的眼睛在看着她，那么她的内心，出现了一种很复杂的情绪。这是她看世界的眼睛。”

《红衣少女》的片尾曲《闪光的珍珠》由陆小雅作词，著名作曲家王酩谱曲，仿佛讲述了影片中那对姐妹花从迷茫走向光明的人生轨迹。

“未来的路还很长，她们身处的是一个非常复杂的环境，个人面对这个时代，要往前走，还是有很多很多的艰难和困惑。但是相信这姐妹两个人，未来的生活还是有希望的。”

以艺术工作者的身份谈及创作，陆小雅觉得，最可贵的就是真诚地面对作品。创作者一定要知道自己是个普通的人，生活在当下，跟所有人没有区别；创作者要关心群众，要具有同理心。只有这样，才能够有欲望、有激情来表达我们所面临的时代和生活。

在跟蓝羽的对话中，陆小雅同样真诚地分享道：金鸡奖不完全是荣誉，更多的是陪伴自己成长，给予自己温暖，是让她永远忘不了的记忆。金鸡奖诞生至今，它应该继续坚持纯洁性和专业性。这是一片属于艺术家的领地，从业者要不忘初心。

访谈录

中国电影金鸡奖 40年 CHINA GOLDEN ROOSTER AWARDS

夏雨

夏雨：

出走半生，归来仍是马小军

“其实袁泉得过好几届的金鸡奖。”蓝羽指着夏雨手中的那座金鸡奖杯，意味深长地说。

夏雨笑了笑，“当然，人家第一部戏就拿了金鸡奖，袁老师第一部（戏）是《春天的狂想》，那时她初出茅庐……”

“后来《美丽的大脚》也得过。”蓝羽提醒他。

夏雨赶忙接上，“对对对，然后去年的《中国机长》也拿了最佳女配角，所以我说，袁老师应该是我老师。”

谈笑间，夏雨把对妻子的敬意和爱写在了脸上。笑容里的他依旧如斯谦虚，如阳光般爽朗清澈，一如从前。“马小军”出走半生，归来仍是少年。

· 出走半生，归来仍是少年

先擒沃尔皮杯　再获“金鸡”

2003 年，夏雨凭借《警察有约》中对赵六安的精彩演绎，荣获第 23 届中国电影金鸡奖最佳男主角奖。而往前倒推十年，他已经在《阳光灿烂的日子》中天才般演绎了马小军这个角色，并在 1994 年勇夺第 51 届威尼斯国际电影节最佳男演员奖。

从沃尔皮杯到金鸡奖，他等了整整十年。

《警察有约》是夏雨做演员后拍的第四部电影。他总说自己拍《阳光灿烂的日子》时还是个高中生，碰巧被姜文导演找来拍了这部电影，纯粹是天上掉馅饼。拍完《阳光灿烂的日子》之后，夏雨去中戏就读表演专业，毕业以后水到渠成当上了演员。

“2003 年被提名的时候，有什么期待吗？”蓝羽问。

• 夏雨第一次擒获“金鸡”

夏雨想了一下，“其实也没太多期待，因为那一届最佳男主角奖的竞争非常强，有《邓小平》的卢奇、《看车人的七月》的范伟、《卡拉是条狗》的葛优……我还在葛大爷这部戏里客串了一下。”

金鸡奖颁奖的时候，夏雨正在演伍仕贤导演的《独自等待》，他跟剧组申请得去一下颁奖现场。但其实当时拍戏的节奏非常紧张，他一走全剧组就得停一天。所以，伍仕贤导演就说：“要不你就别去了。但是另外一方面呢，作为你的哥们儿，我又很希望你去。”于是，伍仕贤导演纠结了一晚上。

蓝羽调侃道：“那他幸亏放你去了。”

夏雨眼中带着回忆，“对对，导演主动说：‘你还是去吧，我们停就停一天了。我觉得是对金鸡奖的一个尊重，也是对自己的一个交代，因为你毕竟提名了嘛，你应该去，不管怎么样应该去一下。’”

“所以当时获奖之后，再回到剧组，大家有没有帮你庆祝？”蓝羽追问道。

夏雨的表情似乎回到了得奖的那天，“有，很开心，大家都很开心，然后伍仕贤导演跟我说：‘真的幸亏让你去了，我们白损失一天也值了。’这座金鸡奖杯，其实对我来说非常重要，因为这是我作为一个专业演员第一次拿到了一个表演奖项，对于我来说是一个非常大的鼓励。”

“感谢袁泉老师”

当蓝羽问起夏雨在《警察有约》中饰演警察都做了哪些准备工作时，夏雨说：“当时大概有半个月的时间，剧组专门找了新源里派出所，然后去跟他们沟通，说我们这儿有一个演员，能不能在你们这儿体验生活一段时间。新源里派出所也很帮忙，说行，别给我们找事就行。”

夏雨前去报到后，派出所的同志看着他说：“反正是跟着我们一起出警，跟着我们一起开会什么都可以。”于是，夏雨开始零距离观察派出所日常的工作气氛和每个人工作时的状态，跟着他们一起吃饭、开晨会。那段时间，每天晚上他们都要去大街上巡逻，跟着 110 出警，遇见各种各样的事情，包括家庭矛盾、邻里纷争，切身体验到了警察行业的不易。

蓝羽注意到了《警察有约》中赵六安的“五个姐姐”，当片尾出字幕的时候，会看到非常豪华的演员阵容，聚集了当时众多著名演员。

夏雨马上接上，“都是当年很火的……包括袁泉老师。”

“还是只记得住袁泉老师，”蓝羽点破了夏雨的言外之意，“所以你跟她们搭戏会紧张吗？”

夏雨笑了笑，“紧张应该还好，因为大家都是很专业的演员。整个拍摄气氛非常和谐，而且非常开心。当时我还跟导演说，我这五个姐姐个顶个都那么漂亮，我是不是捡来的呀？”

谈笑之中，蓝羽问了夏雨一个数学题，“五个姐姐，人家都说三个女人一台戏，片场这么多女人，是多少台戏？”

夏雨笑着说：“这真驾驭不了。反正她们让我干吗就干吗，包括生活里面。冬天的时候说你今儿是不是穿得有点少，是不是得多穿点——那我就多穿点；拍戏久了说该喝点水、吃点水果了，我就吃点水果、喝点水。对，反正人家怎么说我就怎么听呗。”

蓝羽又把话题引到了袁泉，“除了这些姐姐之外呢？在戏里还有很多相亲对象，其中就有袁泉老师。当时拍这场戏的时候有笑场吗？”

夏雨忙说：“确实没有，很专业的。袁老师真的对我帮助很多。你像这个戏里面，帮我来串一个相亲对象，《独自等待》里也帮我来客串一下，所以确实是对我非常大的支持。我要感谢袁泉老师。”

不光袁泉，很多著名演员都来担当配角，这种“绿叶精神”如今也流淌在了夏雨身上。在选择一些作品时，他也不会在意戏份重不重。这源于夏雨在中戏时，老师给他们上的第一课：“你们不是做明星，你们是要做艺术家的！”所以对他来说，并不是非要当主角，毕竟去中戏学的是表演，表演就是演一切想要演的角色。

近年来，夏雨在《寻龙诀》中精彩演绎了“大金牙”，在《送你一朵小红花》中出色完成了对“老马”这个爸爸形象的塑造。

夏雨回忆起当初接拍《寻龙诀》时的趣事。当时，导演乌尔善邀请夏雨出演这个角色，他很想知道导演找他的原因，不料乌尔善轻描淡写地说："我觉得你行啊，你不是中戏毕业的吗？"

一句话问住夏雨了，"是吗，中戏毕业就行啊。好，那就试试吧。"

对于这个角色，蓝羽给出了"挑战性"的关键词。夏雨则觉得"大金牙"和他以往演的所有角色都不同，真的很愿意去尝试一次。

很多人都说夏雨是经常消失在大众视野里的演员，夏雨对此表示认可："因为我觉得演员就是我的一个职业，接了戏，到了剧组，那就是开工干活。拍完戏回家那就是柴米油盐，和拍戏就是两回事。我不想把生活跟工作扯到一起。"

蓝羽谈到艺术源于生活，很多角色也需要演员对生活的感悟和体验。

夏雨解释："表演就是从生活中来的。之所以过去所有的戏开机之前，都会给演员一个时间段去体验生活。现在可能都进入快餐时代了，这个东西好像越来越不重视了。但是我觉得这个是不对的，还是应该回到体验生活里面来。"

或许，这就是一个好演员对初心的坚持吧。

访谈录

中国电影
金鸡奖

40年

CHINA GOLDEN ROOSTER AWARDS

王馥荔

王馥荔：

凭着一股倔劲儿拿了“金鸡”

1981 年，王馥荔凭借在谢晋导演作品《天云山传奇》中饰演宋薇，入围了第 1 届中国电影金鸡奖最佳女主角奖。如今回想起当时的

• 王馥荔在电影《天云山传奇》中饰演宋薇

情景，她依然激动之情难以言表。

“《天云山传奇》是我第三部电影，第一部是《金光大道》，第二部是《绿海天涯》。那时候还没有这个奖（金鸡奖），到了《天云山传奇》才获得提名，而且是首届的金鸡奖。我去了以后第一次见这么大的场面，见到好多老前辈，都是有名得很，还有我一直仰慕的田华老师，（王）晓棠老师，（张）瑞芳老师，白杨老师。还有我们全摄制组，仲星火老师等等都去了，包括咱们的歌唱家李谷一大姐，朱逢博大姐，因为这些获奖的作品当中有她们唱的主题歌，所以大家欢聚一堂，我的心老在那儿跳着。”

虽然获得了提名，但是王馥荔形容自己的状态一直是懵懵懂懂的，也不敢想自己最终能够摘得桂冠。对她而言，评委们对她的表演给予了充分肯定。

“评委们真的都是电影大家，平时都是在报纸上、重要的会议上远远地看到。那一次大家都欢聚一堂，而且他们还来祝贺我，也肯定了我演的宋薇这个角色。我除了激动、兴奋以外受益很大，就觉得是对自己的一种鞭策。我觉得在今后的创作当中，更要有新的要求和提高，才能对得起大家给我这个提名，特别感恩那些评委。”

都说我演不好翠喜，激出我的倔脾气

1986年，王馥荔凭借于本正执导的《日出》，荣获第6届中国电影金鸡奖最佳女配角奖。这么多年过去，她心底一直感激于本正导演能大胆起用她出演反差巨大的翠喜一角。王馥荔笑着回忆，刚刚接到这个角色的邀约时，很多人都给她和于导泼了冷水。

“好多很喜欢我的导演都在讲，本正，你是不是胆儿太大了，你怎么让馥荔来演这个翠喜呢？她才35岁，你看她脸上一点皱纹都没有，而且脸上总是乐呵呵的，那么阳光，她演翠喜距离太大了。但是于本正导演就说我信任馥荔，她凭她自己的实力和她用功的这个劲儿，我就是要用她。这是于导给我的信任，对我的鼓励特别特别大。再一个，我也有点轴，也有点犟，人家越觉得我不可能塑造好，我就非得下功夫。”

影片中，王馥荔塑造的翠喜是个旧社会的妓女，戏份不重，但角色经历坎坷，演绎起来很有难度。众所周知，越是戏份少的角色越不容易塑造。再三研读剧本后，王馥荔向导演提出了一个要求。

“我就跟于导演说了，我想去北京请曹禺先生给我聊一聊他写这个人物的内心感受。于导说没问题，你只要想塑造，怎么想塑造好这个人物我都配合你，然后就赶紧给我买了机票。我去了以后，曹禺先生拉着我的手说：‘你能塑造，我一定帮着你。’然后就细致地给我讲了他写翠喜这几场戏的分量和内心，告诉我应该怎样去表现角色。”

除了跟王馥荔细致地沟通角色，曹禺先生还建议她去天津，通过公安部门寻找到几个在旧社会从事过这个行业的悲苦妇女，更深入地了解角色的精神世界。王馥荔二话不说，真就跑到了天津。

“我就跑到了天津，在相关部门的帮助下找到两位大姐。她们开始是不同意的，后来一听说王馥荔演啊，我们得帮助她，帮她演好了。然后告诉我，我们那时候这儿扣子都不扣的，都是裂着的，裤腰带就耷拉着的，嗓子和脑门都揪出那种紫印子。开始是因为她们生活上没有规律，上火，嗓子疼、头疼，就揪的那个紫印子，后来就成了她们的一种标记，还觉得挺美，不疼也把它揪出来，互相也揪。我塑造翠喜时就把这个也用上了。”

几位大姐讲到动情之处，纷纷流下热泪。她们的遭遇也深深触动了王馥荔的心灵。

“那是她们真实悲惨的命运和生活。她们给我说着，一边说一边就流泪。我也是一边听着一边流着泪，我的心就发颤。我就觉得这个人物仿佛进入了我的灵魂。”

影片中，有一段王馥荔的重头戏，讲述的是她塑造的翠喜收养的小女孩“小东西”惨死，陈白露来探视。王馥荔需要在很短的戏份中演绎出角色复杂的情绪。

“因为翠喜跟小东西就像娘俩儿一样。小东西死了，不得了了，对我打击太大了。等到陈白露来了，她要掀开这个席子，证实这个芦席下面是不是小东西。翠喜是护着的，就觉得人都那么惨了，都死了，你还看什么看呢？她这么一掀，我就这么一护，然后抬头看了她一眼，说干吗呀？本来这是一个中景镜头，要带着陈白露，带着小东西。但是我抬头看她的这个瞬间，这个眼神，本正导演和我们的摄影师两人同时说，推！他们感觉这个眼神非常准确。”

•《日出》中翠喜复杂的眼神感人至深

谁也没想到，影片上映后，王馥荔的这个眼神给观众留下非常深刻的印象，甚至成为影片中的经典镜头。

我不多才多艺，只求踏实演戏

从艺数十年，回看王馥荔塑造过的众多银幕形象，每一个都有不同的性格特点。她选角色时也有意识与前面的戏尽量不雷同，这样才不会原地踏步，才会求新、求深、求进。

> 虽然你驾轻就熟，不是方便吗？但是作为艺术创作来说，你就得不断有自己的一种高度，一种难度，你才能更有提高。

在无数电影同行和影迷朋友心目中，王馥荔是个天赋型演员，形象多变，演什么像什么。但在她自己看来，“我就是脚踏实地地做好自己的本职工作，我觉得其他我也做不到，我笨，我没有像人家有的人多才多艺，这个也行，那个也行，我不行。我就认认真真做好我自己的本职工作，我把角色琢磨透，我把它做好了，我对自己就是满意的。”

回顾演艺生涯，每次收获荣誉时，王馥荔最想感谢的是一同为作品呕心沥血的伙伴，还有始终如一支持她的亲人们。

“越是这个时候，我首先想到的恰恰是我的合作者们。有那么好的编剧，那么好的导演，我是幸福的，自己生活当中的这些困难和痛楚是能克服的。关键是作品出来了，留下了作品，这是最欣慰、最永恒的。家人对我的支持真的是没法用语言去感谢表达，现在爸爸妈妈已经走了，因为有他们对我的支持和照顾，我才能保持创作激情，我的艺术之路才能走得这么踏实。我很想念我的这些前辈们，很想念爸爸妈妈。”

访谈录

中国电影金鸡奖 40年 CHINA GOLDEN ROOSTER AWARDS

孙淳

孙淳：

凭反派角色，拿下金鸡奖最佳男主角

在孙淳看来，金鸡奖是中国电影最高荣誉。他凭借《缉毒英雄》，获得第17届中国电影金鸡奖最佳男配角奖；凭借《秋喜》，获得第28届中国电影金鸡奖最佳男主角奖。对此，孙淳感到很高兴、很难忘，“除了感恩还是感恩”。

演俩大反派，抱回俩“金鸡”

1997年12月，孙淳前往广西南宁参加金鸡奖颁奖典礼。抱回奖杯的当晚，他激动难眠。一位曾经多次获得金鸡奖的前辈见他一晚上爬起来好几回，第二天忍不住打趣他。

“那位前辈问我，孙儿，你是第一次得吗？我说是！”回忆起当时的情形，孙淳还有点不好意思。

在电影《缉毒英雄》里，孙淳饰演反派大毒枭罗亦夫，阴狠冷酷。

• 电影《缉毒英雄》剧照

当蓝羽问及他是如何把握住人物的性格特点时，孙淳答道："你得下生活。当时我记得到缉毒所去看，和干警去聊天，实际上这些都是演员创作的辅助手段。"

只了解角色所处的环境背景还不够，孙淳力求走进人物内心。

"你知道这个角色为什么吸引我吗？当你碰到好的剧作和人物，当你读完了它之后，你会对这个人物的创作有很多联想。比方说这个反派有两种，一种外表就是反派，内心也是坏的；还有一种呢，外表具有悬念和欺骗性，他不像个坏人，但他就是个坏人。就是一个非常冷酷的毒枭和一个在情感深处有柔软的地方，这两极形成一个反差，那个张力是非常有意思。他是一个毒枭，观众可能不会猜到他的情感生活是什么样。但当他一旦流露出那种温情了，你就会觉得这个人物一下就立体了。"

出道以来，孙淳凭借帅气英俊的相貌和出众的气质，扮演过很多正面角色。蓝羽有些好奇，他接到罗亦夫这个反派角色的邀约时是否有过顾虑呢?

“没有。”孙淳干脆利落地回答，继而又笑道，“因为这个演员啊，在整个自己的演艺经历当中，他不会想固定自己用哪一类角色去示人。他都会想在有限的范围内尝试各种不同的角色。人有很多种，有善良的、有凶恶的、有不那么善良的、有温文尔雅的，各种各样。既然我的职业是演员，演员就是塑造人物的，我就想尽量尝试更多的类型，表现更宽泛的人性。”

有趣的是，多年以后，孙淳凭借在哥哥孙周执导的电影《秋喜》中的出色表现，再一次走上金鸡奖领奖台，将最佳男主角奖收入囊中。而这一次，他塑造的同样是一个大反派——特务头子夏惠民。

两次获奖，两次都是饰演反派，这在金鸡奖历史上是非常罕见的。

孙淳当时坐在观众席中，看到自己获得提名的影片片段在舞台屏幕上播放，他的内心却格外平静。用孙淳自己的话来说，“不像第一次那么激动，只是难免会有一点点揪心”。不过，也许正因为他对自己获奖并没有抱很高的期待，所以当听到自己的名字时，他整个人都蒙圈了。

“是一种极度的高兴，不相信就是这样。我记得当时旁边的人一个劲儿地捅我，说是你、是你呀！我简直不敢相信。”

回想起来，孙淳险些和这座金鸡奖杯擦肩而过。当收到《秋喜》剧组的邀约时，孙淳参演的电视剧《人间正道是沧桑》正在热播，他塑造的共产党人瞿恩非常受观众欢迎，好评如潮。因此，孙淳对于再次出演一个反派产生了些许顾虑。

• 孙淳回忆《秋喜》拍摄

“其实有的时候演员就是这样，观众期待让你演哪种类型，和你自己的愿望有的时候是相悖的。”孙淳坦诚地表示。

幸好在剧组的诚意邀请下，孙淳还是接下了这个角色。从进组的那一刻起，他就摒弃了所有杂念，全心投入角色塑造中。随着不断加深了解，孙淳发现这个特务头子很有戏，很带劲。

“夏惠民这个角色也是有‘信仰’的，但是他是一种世纪末的心态。江山快丢了，所以他变态、他扭曲、他疯狂。大势已去，这是哀歌，他在哭自己，哭自己的这种结果和下场。”

孙淳至今还记得导演在给他讲戏时不断地强调：“你的眼睛，你的眼睛。”想到这里，孙淳的表情也变得严肃起来，似乎思绪又飘回到《秋喜》的片场。

有一个很俗的说法啊，眼睛是灵魂的窗户。你必须全身心地靠向角色，当你把角色吃透了，这些东西就自然而然地从眼睛里流露出来了。

为角色“玩命”很正常

从艺数十载，孙淳从很多前辈身上汲取营养，尤其是很多老艺术家崇高的戏德带给他巨大的影响。孙淳自己也身体力行，为了角色非常“玩命”。曾经做客《蓝羽会客厅》的宋春丽就提到，“对于电影人来说，可贵的精神就是奉献。”她特别提起孙淳曾经为了角色急速地减重、增重，甚至内分泌失调的经历。对此，孙淳却表示不值一提。

“我觉得各行各业都有一定的行规。我只不过履行了作为演员的一个职业精神。为了靠近一个历史人物，发现自己的外形和他有什么差距，为了缩小这个差距，你会增重，你会减重。”

谈及演艺行业当中最可贵的精神，孙淳认为：“热爱能帮助大家度过那些煎熬的日子，那些等待片约寂寞的日子。就是因为有这么一个东西来点燃你，使你咬着牙一步一步地往前走。”

这次访谈的最后，孙淳也为金鸡奖送上了祝福：

金鸡奖是中国电影最高的荣誉，我在这里祝愿它尽善尽美，借助这个平台，产生更加优秀的电影及更优秀的电影演员。

访谈录

中国电影金鸡奖40年

CHINA GOLDEN ROOSTER AWARDS

张艺谋

张艺谋：

这是全世界最难拿的奖

“金鸡奖真是全世界最难拿的奖！我这才十个，你看我外国的奖多少个。”看着眼前的十座金鸡奖杯，张艺谋对主持人蓝羽这样说道。

张艺谋是目前中国电影金鸡奖获奖次数最多的纪录保持者，共十次获奖：一座最佳摄影奖（《黄土地》），一座最佳男主角奖（《老井》），四座最佳导演奖（《一个都不能少》《我的父亲母亲》《英雄》《悬崖之上》）、四座最佳影片/最佳合拍故事片奖（《红高粱》《秋菊打官司》《我的父亲母亲》《英雄》）。

十擒“金鸡”，张艺谋还认为金鸡奖最难拿，倒不是“凡尔赛”，而是由衷把金鸡奖视为中国电影人的最高荣誉。

他坦率表示：“中国人自己评奖其实比国外更严，我们都是这块土地上的电影人，大家都知根知底，每个人的毛病都看得很清楚，每个作品的长项也很了解，互相之间取长补短来评价，这些评委也很严谨，反倒不容易给你奖。”

张艺谋难忘第一次获金鸡奖 为戏三天三夜不吃饭

十座金鸡奖杯整齐摆放在《蓝羽会客厅》，金光闪闪，颇为壮观，张艺谋和蓝羽开起玩笑，“咱俩像坐在鸡窝里头”。蓝羽问起哪一座金鸡奖杯最有重要意义，张艺谋说，那应该还是第一次，凭借电影《黄土地》获得最佳摄影奖。

• 张艺谋的“金鸡群”

“那时候第五代刚出来，都还是初生牛犊，所以当知道自己得金鸡奖，很惊讶，啊，这么早，这么快?”当时张艺谋认为，金鸡奖都是表彰上一代影人的成就，才刚刚入门就获得这个奖项，非常有意义。

《黄土地》是第五代影人的崛起之作，其影像风格对中国电影有突破性意义。作为摄影指导，张艺谋透露，当时写了一份很有“学生腔”的摄影阐述发给全剧组，他用四个字来把控《黄土地》的构图——高天厚土。

> 就是拍土地的时候，地平线往上放，五分之四都是土地。拍天的时候再扬起来，五分之四都是天。高天厚土就是稍微破一下黄金比例，破一下分割线。

第二次拿下金鸡奖，是以《老井》获得最佳男主角奖。张艺谋坦言，“这完全是意料之外”，他对得知获奖的那个夜晚也记忆犹新。

当时他正在宁夏拍摄《红高粱》九月九酿新酒那场戏，突然制片主任跑过来，等镜头拍完，当着全组人喊：“艺谋你知道吗？你得了最佳男主角！”随后全剧组就开始起哄，主演姜文等人和他开起玩笑：“那我们就别演了吧，还演什么呢在这。”

张艺谋能够出演《老井》也是偶然。当初，导演吴天明以破旧立

• 电影《老井》剧照

新的想法到全国海选男主角孙旺泉，张艺谋身为摄影师，也带队到山西选角，“每天握手，回来以后洗手，盆里的水都是黑的，把手都握黑了。”

大家在寻找演员时渐渐以张艺谋的精瘦形象来作参考例子。某一天，陈凯歌在西影厂就提议吴天明，干脆让张艺谋来演孙旺泉。吴天明转念一想，的确是合适人选。后来实在找不着，张艺谋也就答应了下来。

起初张艺谋很后悔，自认不是演员这块料，担心耽误拍摄，不过既然答应了就只好努力，用勤奋去弥补演技上的不足。于是他狠下功夫，到村里先去体验生活三个月，减重锻炼，让皮肤变黑，手变粗糙，“天天拼命用各种方法，让自己像个农民的样子。”

拍摄时，为了演好角色奄奄一息的一场戏，他真的用三天三夜不吃饭的方法来靠近人物濒临死亡的生理状态。“就喝水，有时候他们半夜给我弄几片白菜吃一下”，张艺谋说，因为怕演不好，找不准感觉，就只能下这种笨功夫。

“全世界都知道我喜欢红色”　求新求变摘掉老标签

金鸡奖第一次对张艺谋导演才能的肯定是《一个都不能少》。影片全部由素人出演，拍摄难度很大，“不仅仅全部是素人，我们要求全部跟本人职业一致”。为此，他们跑遍河北赤城县找村长，直接在田间地头试戏。

在拍摄时，因为演员都不懂表演，张艺谋就让他们熟悉摄影机，每天讲电影里的故事，让他们始终相信这是真事，说到哪拍到哪。

一部分镜头是这样拍的，还有一部分镜头是在街上偷拍。因为

• 电影《我的父亲母亲》剧照

《秋菊打官司》之后我成了偷拍大师，所以就很熟知如何把摄影机藏起来。用各种方法藏到车里，箱子里，家具里，摆在大街上，各种地方藏起来，半夜把线拉好，呈现出一种非常朴实，非常写实性的感觉。

从《一个都不能少》到《英雄》，蓝羽发现张艺谋特别擅长拍摄女性人物，而且都有一个共同特点，就是执着于一件事、一根筋。

张艺谋解释，“我们谈的是女性命运，谈的是生活、谈的是喜怒哀乐，通常就把一个女性的性格放大”。他举例秋菊和魏敏芝，“都是要做一件事情一直做下去，一直放大，不屈不挠，一直重复、重复、重复，性格就有了异彩，然后就有了非常有趣的幽默感和戏剧性”。

在张艺谋的电影里，还有很多中国传统文化元素。他尤其喜欢《我的父亲母亲》中的锔碗细节，“就是老百姓日子过得艰苦才节俭，碗碎了舍不得扔”。他认为，今天的年轻人也应该了解、学习这样的节俭风格与传统美德。

当然，张艺谋最显著的符号就是色彩，早期最喜欢用红色，设色浓重，对色彩肆意挥洒，强烈震撼。但如今张艺谋反倒慎重了，从《影》《一秒钟》到《悬崖之上》，色彩设计相比以往变得轻淡许多。

全世界都知道我喜欢用红色，不能是个老标签，对吧？比如2008年奥运会，我就坚决说不能再用红灯笼了。不能老是让大家觉着你好像不思进取，没有变化似的。

同样是抗战题材的《红高粱》《金陵十三钗》和《悬崖之上》，张艺谋说这三部电影也可以看作他运用色彩的三个阶段：《红高粱》是用泼洒式的“满天都红了”去表现战争；《金陵十三钗》是在残酷战争氛围中，用一抹粉红，用鲜亮的色彩表达人性的光辉；《悬崖之上》是在一直下雪的严寒之中的黑白，去体现革命先辈为信仰出生入死的炙热情怀。

电影越拍越难拍　讲好故事是毕生目标

一座座金鸡奖杯，记录着张艺谋一路走来的光影成就。2021年，他以《悬崖之上》再度获得金鸡奖最佳导演奖。该片在第34届中国电影金鸡奖上共获得六项提名，并最终斩获三座金鸡奖杯，表现亮眼。

张艺谋与女儿张末联合执导的电影《狙击手》，也在2022年获得第35届中国电影金鸡奖两座金鸡奖杯。为什么和女儿一起拍电影？

• 电影《狙击手》海报

张艺谋解释，影片重点展现敌我狙击手的激烈对决，有很多美军的戏，要说英文，所以这方面主要由女儿来把控。

《狙击手》是抗美援朝战争题材影片，张艺谋特别介绍，它不采取常规的宏大视角，而是以小切口的角度来进入战场，跟随片中的五班战士，关注人在战争中的个体命运。

除了章宇和客串的张译，片中的五班战士都是新人演员，都是陌生的面孔。张艺谋希望通过新演员来营造银幕的新鲜感，也为中国电影输送新生力量。

谈起对狙击手的形象塑造，张艺谋说："狙击手的特点是要藏，双方都是一枪毙命，谁露谁死，所以很多戏都是要求演员趴在冰天雪地不能动，对演员要求很高，把头、手都扎到雪地里头。抗美援朝战争伟大的意义在于钢少气多，在特别简陋的条件下战胜武装到牙齿的敌人，打出了中国人的威风和精神。所以年轻演员就学习这样一种精神，他们都完成得很好。"

• 张艺谋手拿金鸡奖杯

回望这四十多年来中国电影的飞速发展，蓝羽询问张艺谋，电影人最可贵的精神品质是什么？

张艺谋认为："我们经历了很多重要的历史时刻，从改革开放开始，到商业大潮，到今天新的时代，我们一直在前进，一直在进步，一直在努力。"2021 年底，他参加了第十一次文代会，现场聆听习近平总书记对文艺工作者提出的五点重要希望，让他备受鼓舞，"要做一个好的文艺工作者，符合人民的期望，同时，有好的作品。一代一代的电影人最后留下来的都是作品，人们能记住的都是最好的，印象最深的那些作品，是有持久的生命力。"

从 1982 年毕业至今，张艺谋从影也逾四十年。然而，他愈发感到电影越拍越难拍，拍出一部大家心目中的好电影越来越难。

> 今天的数字化已经使胶片电影退出了历史舞台，今天的短视频和各种通讯工具的发展，让影像记录和影像讲述已经全民化了，可以说人人都是导演，都能拍出他想要的东西来，但是拍好、感动人非常难。

"所以要活到老学到老，更要下功夫，磨炼自己的技艺，端正态度，把它做好，向世界讲好中国故事。"张艺谋非常坚定，拍出好电影，讲好故事就是他毕生追求的目标。

访谈录

中国电影
金鸡奖

张瑜

张瑜：

很多人，看完她的电影去谈恋爱

1981 年，张瑜凭借在《庐山恋》《巴山夜雨》中塑造的周筠和刘文英两个生动的银幕形象，荣获首届中国电影金鸡奖最佳女主角奖。回想起四十多年前领奖的那一刻，张瑜觉得恍如昨日。

"我记得发奖的那个时候，我很激动，也很紧张。我快步走进了会场，接过了这个奖杯，都没来得及去鞠躬，因为太紧张了，不知道干吗了。我在台上直发抖，然后就听见后面有人说，张瑜转过来，转过来。所以我赶快把头转过来，然后把奖杯举起来，就匆匆忙忙地跑下去了。"回想起当年自己手足无措的表现，张瑜面对蓝羽笑得像个孩子一样。

当年，评委会给予张瑜的评语是：

青年演员张瑜同志在《庐山恋》和《巴山夜雨》中，以刻苦钻研的精神创造了周筠和刘文英两个生动的银幕形象，表演细致、自然，显示了可喜的艺术才华，特授予最佳女主角奖。

尤其难能可贵的是，评委会主任委员夏衍还特意给张瑜写了一封

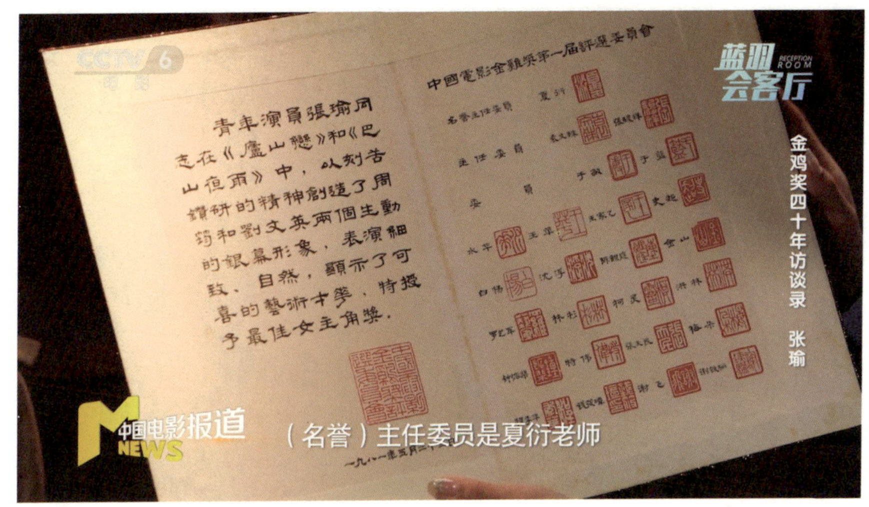

•《蓝羽会客厅》节目中展示张瑜的获奖证书

亲笔信，对这个影坛新秀送出了热情的鼓励。访谈中，蓝羽展示了这封珍贵的信件。信中写道：

> 张瑜同志，热烈地祝贺你荣获首届金鸡奖和第四届百花奖得奖，当然是值得高兴的事情。但千万不要让荣誉成为包袱，要苦练基本功，要扩大生活的知识和学会观察生活。你芳华正茂、前途似锦，希望你为中国电影事业复兴和进步做出更多更大的贡献，夏衍 1981 年 5 月于故乡杭州。

重新展读夏老的这封信，张瑜感慨万千。

> 这封信给了我很大的鼓励，也告诉我该如何往下走。在我这一生来说，我觉得它就是我生活的座右铭，做人也好、演戏也好，要敢于坚持原则，要善于听取批评。

• 张瑜重读夏衍写给自己的亲笔信

“惊天一吻”的幕后

在《庐山恋》中，张瑜换了43套衣服，化着淡妆，如仙女下凡。不过，据张瑜回忆，自己的性格其实像个假小子，一点也不“仙女”，因为频繁地换装，她在片场还忍不住发起了牢骚。

“反正我记得永远在换衣服，一件衣服换得我都烦了，我说要不就不要这样换了，多耽误时间。我那时候是一个小男孩一样的人，不喜欢这么女性化。还有化妆，我也嫌麻烦，我也讨厌。所以好多镜头其实你们仔细看，我没有化什么妆，抹一个口红就上去了。”

但也许正因为张瑜的这种天然、自然的美，才让这个角色能够经得起岁月的考验，成为永恒的经典。

说起来，《庐山恋》中最令人印象深刻的，无疑是男女主角的那“惊天一吻”。在那个年代，张瑜主动羞涩的一吻，吻得郭凯敏脸红到了脖子根儿，很多人看完这部电影直言很想去谈恋爱。不过当初在拍摄这场戏时，这两个年轻的演员都非常青涩，拍得一波三折。

“这种感情纯洁干净得像一股清泉一样，给人带来一种耳目一新的感觉。拍这段戏的前一天我没好好睡觉，因为那个时候我和郭凯敏都没有谈过恋爱，都是单身嘛。我们还要演出初恋的感觉，所以我挺紧张的。第二天还和制片组说你们一定要清场，现在想想是不是觉得很幼稚？”

当回忆起郭凯敏当时的反应时，张瑜更是忍俊不禁。

“导演说开始，我就开始努力地像登山一样，鼓足了勇气冲上去。但不是撞了他的头，就是没有亲到。我说导演我真的拍不了。导演说很简单呐，你就在他脸上嘬一下就行，我说我再试试吧，后来终于拍好了。郭凯敏同志脸‘唰’的一下就红到脖子根儿。他说他晚上也没睡好，他也紧张，大家都很尴尬。但是我觉得最最了不起的，是我们的摄影师和导演迅速地把他那个瞬间给抓住了。把我的一个很不好意思、很羞涩的表情也抓住了。我觉得再让我拍一次，我肯定做不到。”

致我们的纯真年代

时隔多年，张瑜重访庐山，恰好赶上剧院在放映《庐山恋》，她也进去重温了一遍电影。当影片演到这场“吻戏”的时候，观众都忍不住笑了，张瑜也跟大家一起笑起来。这段戏看起来是这么“傻”，但又纯真得无与伦比，即使在几十年后的今天依然能引起观众的深切共鸣。

很多人的一生，往往会因为一次奇妙的际遇，命运的轨迹发生巨大的转变。正是因为出演了《庐山恋》，张瑜开始坚定了自己要从事表演这项事业。

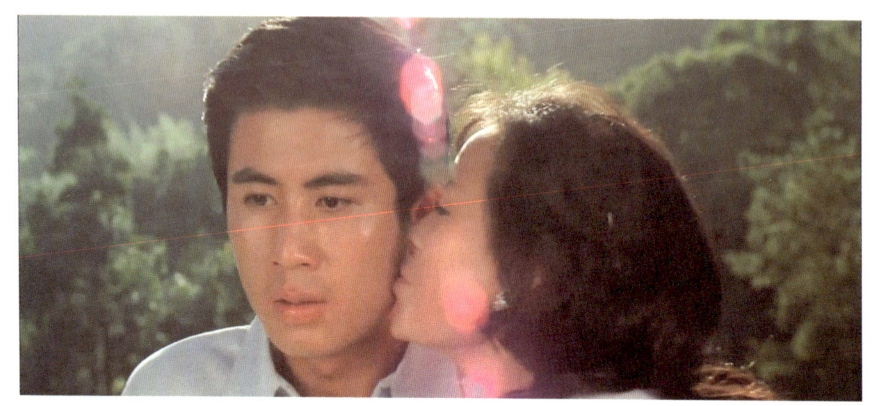

• 电影《庐山恋》剧照

从演《庐山恋》以后，我才明白演戏不是这么简单的，不是说几句台词就完了的，最最重要的是内心。你需要体会到这个人物的内心情感，才能接受到角色给你的信息。你还要有广泛的知识，你还要有模仿能力，表达能力，你要让你的表演变得行云流水、不留痕迹。

说到这里，张瑜以电影《夺冠》里巩俐的表演为例："巩俐演的郎平，郎指导。你说她们两个人相貌长得一样吗？一点儿都不像。但是我觉得巩俐能抓住郎平的精神状态，观众就会觉得郎平就是这样。"

这次做客《蓝羽会客厅》，张瑜仿佛和年轻的自己进行了一场跨越时空的对话。她的青春年华，最美的瞬间，以及她对电影的热爱都定格在了大银幕上。这令她觉得身为一名电影演员，非常幸福。

节目的最后，当蓝羽问及这个行业之中最可贵的精神是什么时，张瑜不假思索地回答："我觉得就是一批充满着激情的、热爱电影的电影人们聚在了一起，用他们自己的付出，在银幕上呈现一个好的作品献给观众。"

访谈录

中国电影金鸡奖 40年

CHINA GOLDEN ROOSTER AWARDS

肖桂云

肖桂云：

她一人独来，所爱隔山海

李前宽、肖桂云夫妇，是中国影坛著名的艺术伉俪。2021 年 8 月 12 日，李前宽导演永远告别了他所热爱的电影事业和观众朋友。

• 肖桂云忆起丈夫李前宽禁不住落泪

四个月后，肖桂云导演独自来到《蓝羽会客厅》，与蓝羽一起回忆起李导的音容笑貌。

“我们俩老在一起拍戏，应该说都过了几辈子的生活。没有想到走着走着把他给走丢了。他心里永远惦记着电影，直到走的最后一刻，想着的仍然是电影。他带着他自己的喜欢、他自己的爱好离开人世间。”肖桂云深情地说道。

让所有观众感动　是我俩的追求

由李前宽、肖桂云夫妇二人联合执导的电影《开国大典》，曾荣获第 10 届中国电影金鸡奖最佳故事片、最佳导演、最佳剪辑、最佳编剧和最佳男配角五项金鸡奖。这是他们一直想拍的题材，李前宽为此曾激动得彻夜不眠。1989 年，新中国成立四十周年大庆，他们终于有机会表达对祖国的爱了。

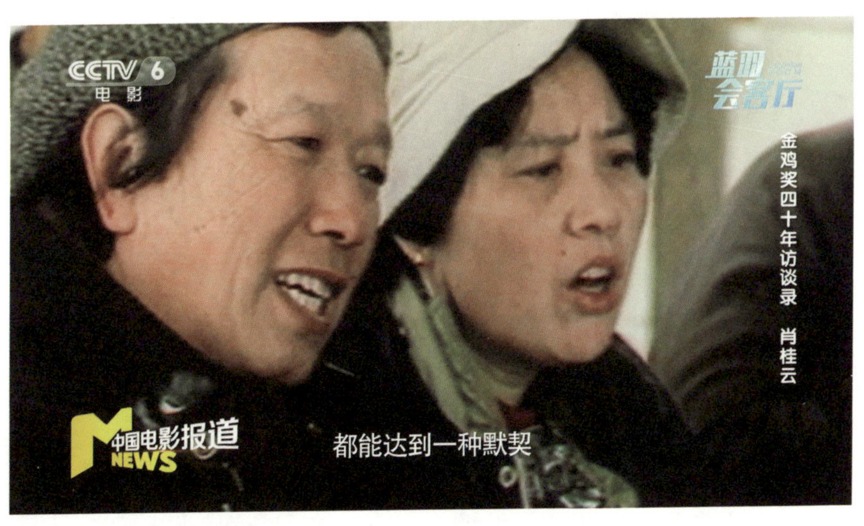

• 肖桂云和李前宽在拍摄现场

拿了这么多的奖，应该说心情还是激动，但也是很复杂的。这个奖是激励、是鞭策，让你更好地、努力地为电影的发展作出一切一切的努力。

回忆起拍摄《开国大典》时的难忘经历，肖桂云如数家珍。譬如在筛选扮演伟人毛泽东的演员时，他们第一次看到古月的定妆照，都有眼前一亮的感觉。

“我们一直都担心领袖人物的塑造形象。所以第一次看到古月塑造毛主席形象的时候心里特别激动，因为太像、太像了，剩下的事情就是把握表演分寸的问题。我们之所以选古月，就是因为他形象酷似，稍一加工就像。我们希望能够接近历史人物，影片中所有的历史人物，都让他惟妙惟肖、形神兼备，这样才能够达到一种历史的真实效果，才能让人感动，让人进得去。这是我们最初的追求。”

每部电影作品都是在表达热爱

其实，在祖国每一个重要的历史时刻、重要节点，李前宽、肖桂云两位导演的作品都会和大家见面，而且都是重大历史题材的影片。他们的艺术生命、事业生涯，和共和国的成长紧密相连。

“我觉得既是巧合、机缘，也是命运注定的。比如说《七七事变》我们拍了，消灭了日本法西斯之后呢，那时候大伙儿都想我们如何统一的问题，所以拍摄了《重庆谈判》。当共和国成立的时候，宣布中国人民从此站起来了，我们有《开国大典》。现在回头一想，真的，我们的艺术生命、我们的事业生涯和我们共和国的成长是紧密相连的。特别是我们结婚的日子，选在 1968 年 10 月 1 日。在那之前，

• 李前宽导演生前接受《中国电影报道》采访

我根本想不到我们会拍《开国大典》，我们只是觉得这个日子非常有意义。没想到 10 月 1 日这个吉祥的日子跟随着我们一辈子，很幸福、很幸运。”

蓝羽也深情地回忆起和李前宽导演会面时的情形：“每一次在电影节上看到李导的时候，他永远是那么阳光、乐观开朗，而且我想他也是由衷地为我们中国电影行业的发展进步感到喜悦和欣慰。”

访谈中，肖桂云时常陷入深远的回忆。她说：“因为中国是个电影大国，一直希望能够由大国迈向电影强国。他为了中国电影的发展腾飞走向世界，做出了自己所有的努力。所以今年（2021 年）党的 100 周年，他一直在写一个《日出东方》这个剧本，他是用剧本来献给党，把自己那条命给献出来了。他应该写一些回忆录，但他都放下了，就搞这个剧本。在他走的前三天还说呢，这一定是非常好、非常好，还自信满满呢。他说这一切时，我都没办法接他的话，我只能是迎合他点头。所以他直到走的最后一刻，想的仍然是电影。”

2021 年 12 月 30 日，在第 34 届中国电影金鸡奖颁奖礼上，李前宽获得中国文联终身成就电影艺术家表彰。但痛失所爱的肖桂云再也没能像以往那样，与丈夫手牵着手一同出现在颁奖礼上。

“我现在要在没有他的陪伴下自己独立地过日子，这是人生的必经之路。但是他给人的都是无法忘却的感觉、鲜活的感觉，你说我怎么能忘呢？这也是让我感觉特别欣慰的地方。两个人不管在一起生活，在一起工作，都能达成一种默契，回想起来真的是一种幸福。你人生当中追求的幸福不就是一个是生活，一个是事业吗？这就足够了。我知道了他获得了终身成就奖，这是高兴的事情，也是遗憾的事情。高兴的是他有了这样一个党和组织对他的肯定、关怀，遗憾的是他自己没有亲自拿到这个奖，他不知道。”

访谈的最后，肖桂云也为中国电影金鸡奖送上殷切祝福。这其中，想必也蕴含着李前宽导演殷切的期望。

• 肖桂云深情怀念与丈夫共度的艺术人生

期待金鸡奖越办越好，希望我们中国由电影大国走向电影强国，让世界人民更加了解中国电影、中国的故事、中国的文化，这是我们电影人的心愿，是我们努力前行的方向。

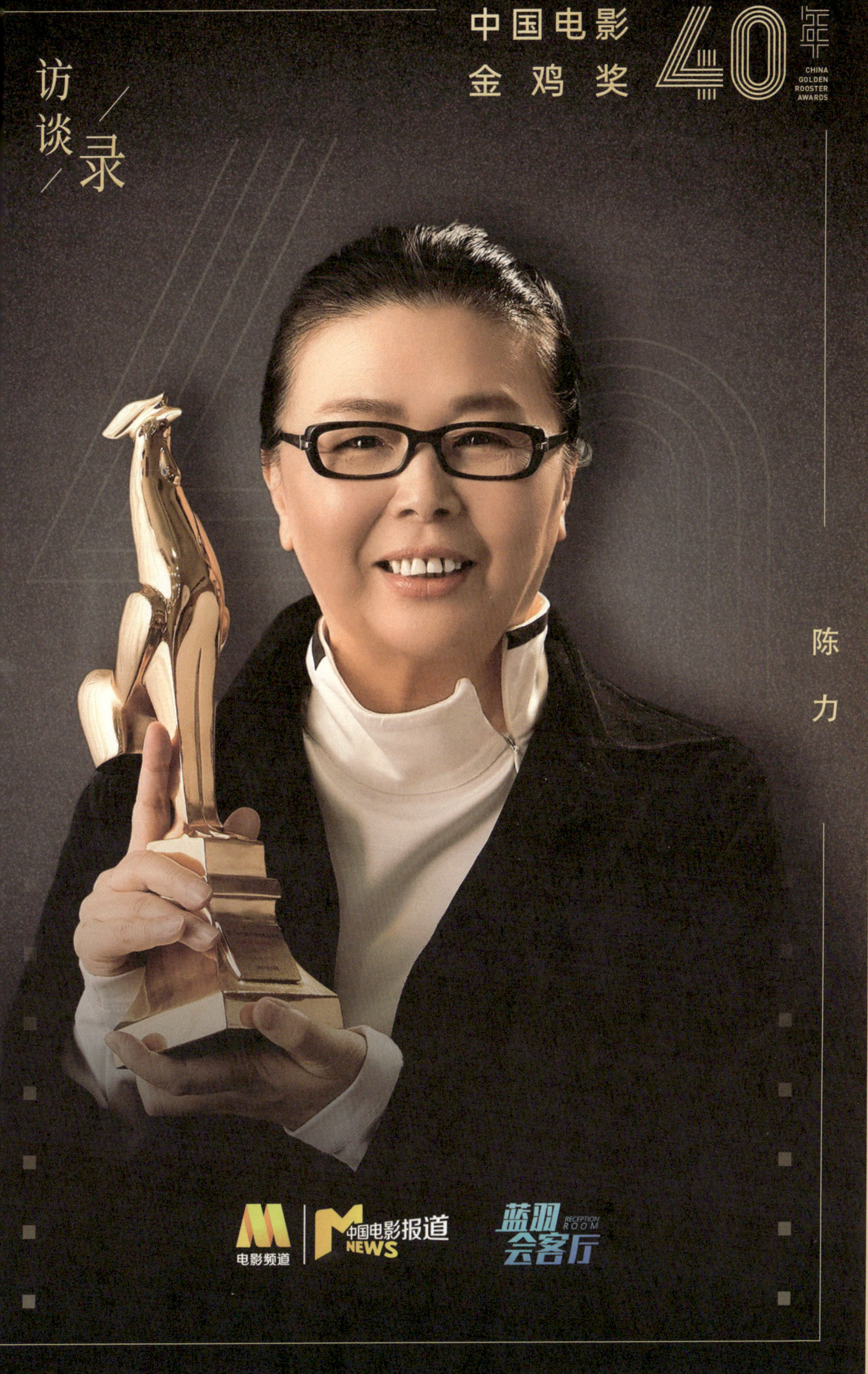
访谈录
中国电影
金鸡奖
40年
CHINA GOLDEN ROOSTER AWARDS
陈力
电影频道
中国电影报道
NEWS
蓝羽会客厅
RECEPTION ROOM

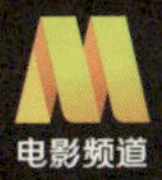

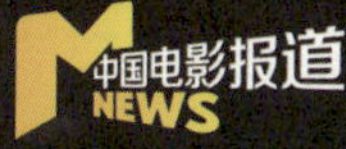

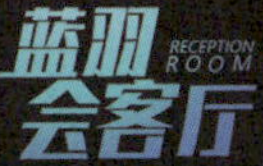

陈力：

对演员慧眼独具

“瞧我在现场那‘德行’，没法看”。

当陈力导演来到《蓝羽会客厅》，看到栏目组为她播放的获奖短片时，她爽朗地笑着调侃自己。当天，她穿着标志性的白衬衫、黑外套，生活中她总是这样干练的装扮，甚至在接受采访时也不会刻意打扮。

“我觉得好像这样就挺好，看到这获奖画面就觉得所有的付出都值得了。”确实，陈力把所有的精力都放在了如何拍好电影上。

说起来，陈力可是金鸡奖颁奖礼上的常客了。

1993 年，她因《远山姐弟》获得第 13 届中国电影金鸡奖最佳儿童片奖提名；第二年，她凭借《早春一吻》荣获第 14 届中国电影金鸡奖评委会特别奖；2011 年，她凭借《爱在廊桥》荣获第 28 届中国电影金鸡奖最佳导演奖；2013 年，她执导的《周恩来的四个昼夜》荣获第 29 届中国电影金鸡奖最佳故事片奖；2021 年，她的《守岛人》

• 陈力做客《蓝羽会客厅》

再度获得金鸡奖最佳故事片奖。

在众多获奖经历中，陈力记忆最深的大概要属《爱在廊桥》获奖那次。“田华老师给我颁奖，这是我一生中最难忘的一天。”当时，她激动得心都跳到嗓子眼里了。这部非遗题材电影在展现中国传统文化的同时，也书写了一个凄美的爱情故事。

比起男性导演，女性从事导演工作难度更大。尤其是面对巨大的工作压力和剧组里一群“糙汉子”，陈力久而久之“练”出一身暴脾气。

“你说我严厉也好、温柔也好，其实所有的一切都是在现场的这一个点上，这个戏的这个点上。很多人都说，她太厉害了，她总骂人，其实呢我是只对工作的。经常是我特严厉地说完以后，一转身什么忘了。为什么呀？因为那边是工作，这边生活。就是我一定要对得起观众对我们所有人的信任，特别是年轻人。”

• 片场严厉的陈力

从影以来，陈力导演总是喜欢选择与年轻人合作，她有一双发现好演员的慧眼，也让不少青年演员拓宽了自己的戏路。王仁君、张一山、刘烨……很多知名的演员也都是通过陈力的电影，呈现出了与以往迥然不同的自己。

当初，电影《古田军号》在选角时，她慧眼独具挖掘了王仁君来饰演毛泽东；在拍摄战争题材电影《血战湘江》时，她又力邀青年演员张一山来扮演师长李天佑。

"我觉得（张）一山是一个特别正能量的、有实力的青年演员，我也比较关注他。因为我想给青年演员一些机会，让他走到主旋律的电影里边。所以一开始就让他演这个《血战湘江》里的李天佑。"

拍《血战湘江》时，张一山差点被炸点炸翻跟头，他却像没事人一样反过来安慰陈力导演。因为这件小事，陈力说，希望自己的每一部戏他都能来参与，甚至动情地表示："我欠了他一个男主角，我尽快地还吧。"

不过，大胆采用青年演员的她，也是演员们又爱又怕的对象。陈力说："有的时候我对年轻人的要求不是说我想怎么样，我是总替他着急。就说你要早一点能够那样的话，你就能够特别快地进步，因为我们都是从年轻走过来的，也没少挨过骂。但是呢，我觉得出发点是好的，让你成长。"

主旋律电影不好拍　希望能留得住传得开

1994 年，陈力执导的影片《早春一吻》获得第 3 届中国金鸡百花电影节故事片特别奖。当时，二十多岁的陈力得知这一喜讯，心情却很平静。用她自己的话来讲，"好像只是起跑线跑赢了"。获奖后，她和剧组的朋友们一同分享。比起获奖，这份大家一同庆贺的温暖才更重要。

多年后的《爱在廊桥》，却着实让陈力激动了一把。在她心中，这是一部展示中国非物质文化遗产北路戏的艺术片，却没想到能获得最佳导演奖。在当地采访时，陈力被淳朴的民风、善良的居民打动，更被北路戏的凄美所感染。本打算拍一部反映先进人物事迹电影的她，决定拍一部能够展示当地传统文化的电影。

"北路戏真的是非常凄美，而且我就想表现一个这样的凄美的爱情故事，现在回想起来都觉得非常温暖。"

陈力的影片创作类型非常丰富，无论是儿童片、艺术片，还是重大革命历史题材电影，又或者是展示先进人物事迹的影片，她始终坚守弘扬中华民族传统美德，表达真善美，这一理念也为她的艺术生涯

爱在廊桥
陈力 导演作品
LOVE ON GALLERY BRIDGE
主演：徐守莉 吴兴国 孙维民
悠久神秘的桥舍，伴随古老的北路戏，演绎着凄美的爱情，
他（她）们心灵的温婉，一生坚守的纯粹……令你动容、回味、想往……
出品人：明振江 詹金灿 李海波
谷国庆 阎晓明 佘山
总顾问：唐国忠
总监制：舒展 马照南 宋闽旺 陈文广
庞敏 陆红实 谢仰俊
监制：邱守杰 林蔚虹 张克坚 徐志成
白景军 岳扬 王晓萌
总策划：池泽清
编剧：陈力 刘婷
摄影：黄山
美术：周景伦
录音：王印刚
作曲：张宏光
制片人：王童君
海报设计：蔡之忠
数字中间片制作：中国电影科学技术研究所
拷贝洗印加工：上海电影技术厂有限公司
联合出品：福建电影制片厂 八一电影制片厂 华夏电影发行有限责任公司 电影频道节目中心 福建省艺术摄影学会
华夏电影发行有限责任公司 发行
HUAXIA FILM DISTRIBUTION CO. LTD

• 电影《爱在廊桥》海报

夯实了基础。

“我觉得这样做其实挺有意义的，特别是你拍了艺术片以后。我现在正在拍的，或者是从前拍的一些重大题材影片，可能会融入这种艺术价值里边。我觉得越是这样重大的历史革命题材，可能越需要你的艺术表达。”

在陈力看来，今天在创作中使用到的想法和手段，都源于自己过往默默的尝试。她笑称自己的能量只有这么大，如今有了基础，未来能做出什么样的成绩不重要，重要的是自己是不是一直在坚守。

她感到无论是《周恩来的四个昼夜》《血战湘江》，还是《古田军号》，革命历史和英雄模范一直滋养着自己。“没有滋养我，我不可能一步一步地这样走下去。我没有那种坚定的信心，是因为我走进去以后，先滋养了我，我（才）知道应该给大家什么，让更多的今天的青年人感受到什么，这个是我在不断形成的一种价值观。”

用艺术解答年轻人的提问　未来属于下一代

陈力认为自己的工作，其实是用艺术解答年轻人的提问。

拍《古田军号》，自己就要先梳理清楚为什么要拍这段历史；拍《守岛人》，就要想明白是什么支撑着王继才守岛32年。在她看来，拍主旋律题材，是回答年轻人的提问，用自己的艺术表达来解释历史、人物。因为未来是属于年轻人的，只有了解历史，才能放眼未来。

在创作中，陈力也有困惑的时候，但她觉得，即便困惑也仍然要坚守。她欣喜地看到，至今仍然有年轻人在视频网站上讨论《古田军号》，电影讲述的历史也有年轻人在关注。年轻人对电影的反馈，让她觉得这些影片可以留下来。

你每次拍一部电影，（就是）留下一部电影，留下一段历史。我觉得我们今天要做的，就是心态要平和，要平静下来。你要知道你自己是在干吗，你是在做你应该做的工作。这是每一个创作人员都应该认真对待的事情。

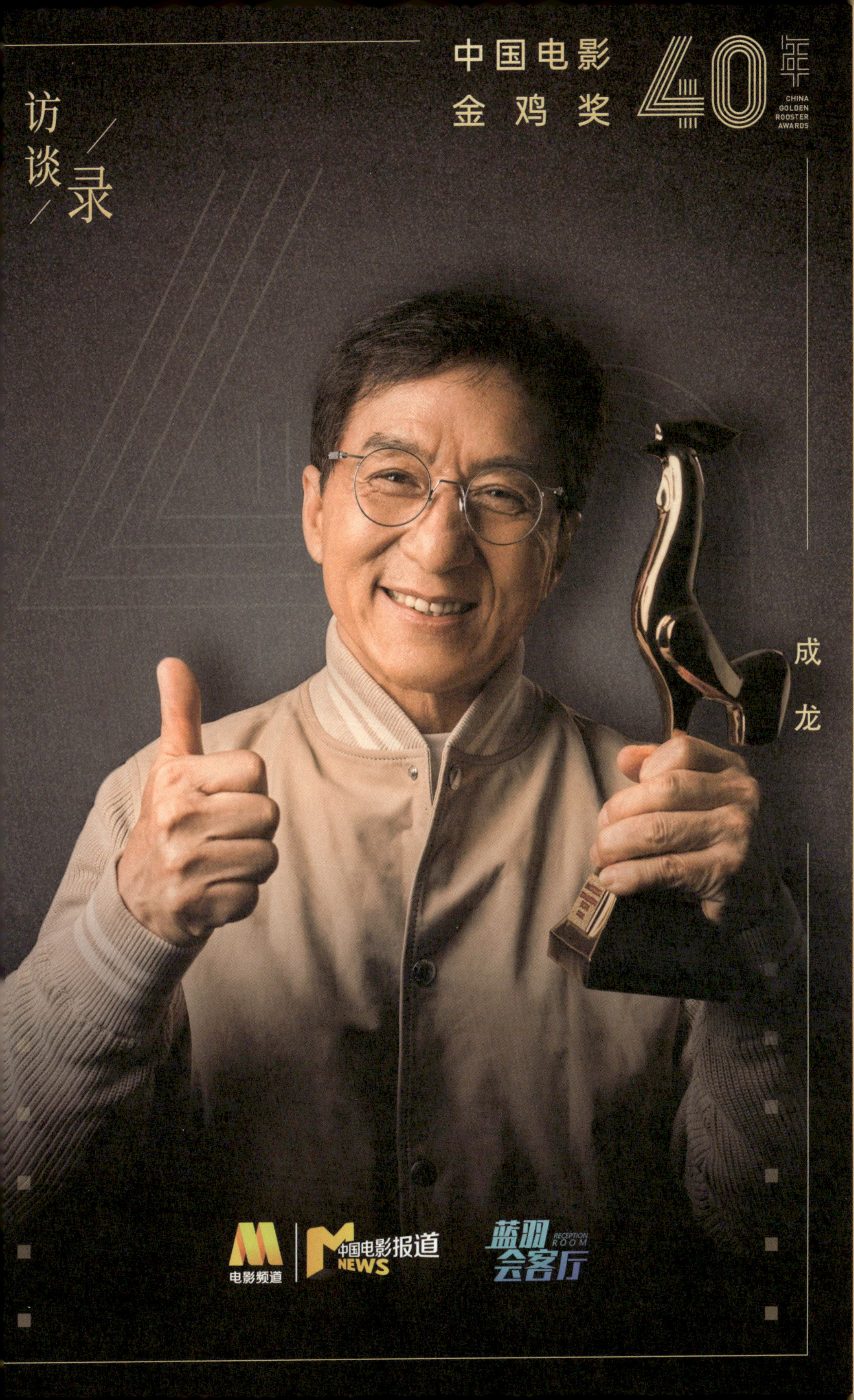
访谈录
中国电影
金鸡奖
40年
CHINA GOLDEN ROOSTER AWARDS
成龙
电影频道
中国电影报道 NEWS
蓝羽会客厅
RECEPTION ROOM

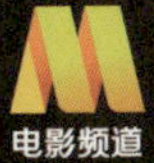

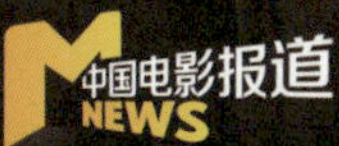

成龙：

“功夫之王”的坚持

2023年春节档的那部《龙马精神》，是对成龙功夫演员生涯的一次回望，片中大量的迷影梗，致敬了成龙过去几十年的经典角色，感动了无数观众。

从影六十年，他在条件艰苦的环境下拍危险动作戏，成为那个港片黄金年代的精神符号，他闯荡好莱坞拍片的票房纪录至今辉煌，更是奥斯卡终身成就奖华人首位获得者……成龙在电影史上的地位毋庸赘述。

参与过全球娱乐类奖项大大小小不计其数，但对成龙大哥来说，中国电影金鸡奖有着特别的意义。2005年，成龙凭借《新警察故事》获得第14届中国电影金鸡奖最佳男主角奖。那年已经50岁的成龙，正在寻求转型与突破。这座奖杯让大哥感叹：“金鸡奖，真的可以给观众认定我是一个演员。”

在电影事业上一路拼搏，摔伤断骨的次数已经数不清，成龙曾用

“岂能尽如人意，但求无愧我心”来总结自己的演艺生涯。作为过来人，他把几十年的经历与感悟凝练成一句“永不放弃”。这句“大道理”在当代社会面前显得过于朴素，却又如此真实。成龙说：

坚持每一样工作，你一定会胜利，得到你想得到的东西。

“不是动作演员，是演员”

作为享誉全球的功夫巨星，成龙 20 世纪 70 年代初以“龙虎武师”身份出道，《醉拳》《蛇形刁手》《龙兄虎弟》奠定了他在香港电影界的地位，20 世纪 90 年代，《红番区》《尖峰时刻》系列又将他送入好莱坞一线行列，让成龙在国际上拥有极高的知名度和影响力，成为中

• 成龙回看获奖时刻依然激动

国乃至亚洲电影的代表。

在成龙的众多代表作中，不能不提《警察故事》。2004 年，陈木胜执导了《新警察故事》，续写了这个经典系列的神话。这部电影也让成龙摘得了第 14 届中国电影金鸡奖最佳男主角奖。节目中，成龙和主持人蓝羽一起回看了当年获奖的片段，他回想当时坐在台下的自己大脑一片空白，根本料不到会拿奖。

说到如此看重金鸡奖的原因，成龙表示："向来很少动作片去拿最佳男主角的，通常都是文艺片多，而且是这么重要的奖项，我可以以动作片去拿到，真的是不可思议。"成龙坦言，早期的动作片都是以动作为主，剧情、角色都不重要，因此他也没有机会展示演技，"以前我们动作演员没有奖项是应该的，为什么，我们只是靠打，没有演技。七八十年代的时候，每一个会功夫的人都可以做男主角，就是打。"

而他渴望寻求突破，"我希望大家知道我是个演员，不是动作演员，我就一直在改变。"于是，《新警察故事》里的成龙开始展示角色的懦弱、颓丧、消沉。他说，希望让观众慢慢接受他是一个演员，而不只是会翻滚蹦跳的动作演员。这座金鸡奖杯，既宣告了成龙的演技，也证明了动作片演员可以斩获奖项，鼓舞了更多的动作电影人。

搏命真打的"功夫之王"

《警察故事》系列，可以说是香港乃至整个亚洲最伟大的动作电影之一，也是彻底奠定了成龙风格的里程碑之作，让他成为了真正的功夫巨星。片中不少经典桥段，都是成龙亲自上阵、没有使用特效的搏命表演。这种敬业的精神令好莱坞都刮目相看，敬佩不已。

• 电影《新警察故事》剧照

节目中播放了一段成龙的经典打斗动作集锦，成龙边看边兴奋地向主持人蓝羽讲解："这场戏是零下十五度""这是早上六点进医院""这个当时是没有威亚的"……回忆起当时的一幕幕，成龙直呼不可思议，他说难以想象当时是怎么完成的，但很开心自己坚持完成了这些动作。现在看来一切都值得，因为这些付出对得起观众，对得起投资人，更对得起自己。

"有几个镜头是六点钟进医院、六点钟吐血，那个时候在下面吐着血吃着早餐，我说拿个血给医生看看是什么事，后来报告出来，我的（后）背的微丝血管爆了，我说会不会死？他说不会，吃完饭继续开工。我是现场断手、现场开工，早上断脚，下午开工"。回忆起这些惊险镜头的拍摄，受伤对成龙来说已经是家常便饭。

《我是谁》里"跳楼"的名场面，成龙在没有吊威亚的情况下纵身一跃，真的自己跳了下去。回忆起站在三十几层的高楼大厦上，成龙说他也会想“摔下去会怎么样”，但一看见开机，就什么都不怕了，“常常我们为了动作好看，就是要找一些难的东西去做，我可以走楼梯，也可以跳楼梯。”

当被主持人蓝羽问到是否会后怕，成龙点头，“如果一个失手，没有就没有了，我也不知道为什么上天这么照顾我，如果真的要死，我死很多遍了。你看我们的同行，一个威亚拉地死了，跳一个，终身残疾，这样的太多了。”跳楼梯、跳巴士、跳大厦，为了一个镜头付出全部，是那个时代、那群电影人的精神，是他们让全世界看到了中国功夫片的魅力。

坚守六十年的不懈精神

随着电影工业的发展，如今的动作片拍摄有了更多的技术为演员保驾护航，但成龙希望，他们曾经的“龙虎武师”精神能够永远传承。成龙还不忘叮嘱年轻一辈：

> 我常常跟一些年轻人讲，你现在所做的事情你努力做，未来你某一天、某一年，你会感谢今天的努力。

节目中，他也尖锐地批评了如今很多年轻演员的不敬业行为，“我们的演员不能流汗，流汗粉会掉，我们的演员不能掉威亚，不能做危险的东西，要有动作，要漂亮，但不能辛苦……我听见这些就生气。”成龙认为，这种现象是太多人纵容的环境导致。他也呼吁演员的经纪团队，“要懂得尊重一些现场为你们付出的灯光、摄影的那些人，不能刚来到这边就说我的演员要走了。”

谈到电影行业中最可贵的精神，成龙用“不放弃”来概括。在他看来，只要努力，有一天观众都会看得见，“我很佩服一些跟我一样不离不弃、死守在自己岗位的这些动作电影人，有些是卖房子的，有些是卖车的，我见太多了。我是个过来人，我坚持了，我曾经放弃过，回去做过泥工，做过厨工，但是不行，我还是回来再从小做起来，重学到今天。”

成龙说：自己对待每一部戏都像对待第一部戏，不会因为名气和荣誉而有丝毫改变。他坚持着自己的初心，每一部戏都做到了“用心”。成龙讲到这里语重心长起来，“明年（2022 年）是我入行六十年，所以坚持每一样工作，你一定会胜利，得到你想得到的东西。”

如今的成龙年逾花甲，仍然身手敏捷、语速飞快，他说会继续拍好戏，希望有机会再拿第二座金鸡奖杯。这个行业中，人人渴望成为成龙这样的影坛传奇，但“传奇”的秘诀，却只有“坚持拍好每一部戏”这么简单，“不要为拿奖去拍戏，我曾经为了拿奖去拍戏，结果一个奖都没有，后来我就拍好每一部电影，结果奖自然就来了。”

访谈录

中国电影金鸡奖 40年

CHINA GOLDEN ROOSTER AWARDS

黄建新

黄建新：

金鸡奖常客

黄建新是金鸡奖的常客。1986 年，刘子枫凭借出演他执导的《黑炮事件》，荣获第 6 届中国电影金鸡奖最佳男主角奖。1995 年，黄建新凭借《背靠背，脸对脸》，获得第 15 届中国电影金鸡奖最佳导演奖。进入 21 世纪，他担任监制的作品《智取威虎山》《湄公河行动》，均获得金鸡奖等重要奖项；在第 34 届中国电影金鸡奖上，他凭借电影《1921》获得最佳编剧奖。

“你知道这个手稿我写了多久吗？写了一个星期，就写完了。”

在《蓝羽会客厅》，黄建新和主持人蓝羽共同翻看着一本纸张有些泛黄发脆的手稿。那是让黄建新获得第 15 届中国电影金鸡奖最佳导演奖的电影——《背靠背，脸对脸》的剧本。

从“先锋三部曲”到“城市百态三部曲”，再到近些年负责监制、制片的新主流影片，黄建新的身影几乎出现在四十年中国电影历史中每个重要时刻。对他而言，关注现实、直面社会与人生，一直是黄建新电影作品中最重要的部分。

改革开放的受益者 电影广度在金鸡奖中展开

1986 年，黄建新导演的《黑炮事件》，让刘子枫获得了金鸡奖最佳男主角奖。回想起来，黄建新坦言当时有些不敢相信。

“那个时候金鸡奖在我们心目中特别神圣，因为它专业性特别强，能得到的人都是屈指可数的。后来见了刘子枫老师，他也很高兴，因为在他心目中他这样一个长相普通的形象、他塑造的这样一个人物，在以往的习惯里是很难得主角奖的，那么就说明在当时中国电影的广阔度上是一次大的开展。”

在黄建新看来，《黑炮事件》和接下来他创作的一系列电影，都是中国改革开放的受益者。因此，对他自己而言，这几次得奖都是重要的时刻。《背靠背，脸对脸》获得最佳导演奖时，黄建新敬重的导

• 电影《黑炮事件》中的刘子枫

演黄蜀芹为自己颁奖。黄建新还记得黄蜀芹拥抱了他，“她说大家都很喜欢，当时我的心里很热。那天晚上就有很长时间睡不着觉，上一代人是多么地爱护你，因为那也是争论性很大的电影，在这个时候支持了你，你会很感激。”

采用相声演员　追寻生活的毛边

在黄建新的电影中，经常会出现一些知名的相声小品演员担当重要角色，《背靠背，脸对脸》和《站直啰！别趴下》就是其中的代表。前者他请来了牛振华与句号，后者则有冯巩的参演。

黄建新觉得，自己的电影归根结底是在展现人性本身。“我就想拍这些人不像演员，就像我们生活中的普通人，我觉得亲近感变得特别重要。我发现这个小品相声演员，他们大部分都没有经过影视的表演训练，我反而觉得可能给我带来的真实感更强，所以我希望我的电影能有一些生活的毛边，让你分不清它和生活。”

在拍电影时，黄建新经常和几位演员聊天，发现他们都有极强的语言天赋，可以随时随地巧妙地接住其他演员的话头。拍《站直啰！别趴下》时有一场停电的戏，几位主要演员在修线路，其中一位说了句“这么黑啥也看不见”，紧接着另一位就跟了一句，“搞得跟旧社会似的”，几句话让整个剧组大笑了起来。

谈起这些相声小品演员，黄建新觉得演员的个性十分重要：“牛振华、冯巩、句号，这仨人搁一块你说他们能有像的地方吗？我觉得对我来讲是一个挺新鲜的尝试。”

深化华语电影合作　探索中国电影工业化

近些年来，黄建新将更多的时间投入影片的监制、制片工作中。他担任监制的《智取威虎山》《湄公河行动》等电影不仅受到了观众的欢迎，也在金鸡奖上频频夺得大奖，更开创了新主流电影的新表达方式。黄建新坦言，这些电影能获得票房和口碑的双重肯定，就是因为“没有说教，没有讲那些大道理，他就是通过电影的故事艺术的形象，每个人角色的魅力”。

在拍摄《智取威虎山》时，黄建新与徐克导演反复打磨，筹备历时三年。为了让剧本贴近当下观众，编剧更是前前后后更换了七位。最终的结果则是让创作者、观众和市场三方，都看到了旧有类型影片的全新生命力。

• 电影《智取威虎山》剧照

• 黄建新和《长津湖》导演陈凯歌、徐克、林超贤

过去几年，他参与到了两部《长津湖》的制作中。黄建新欣慰地说，《长津湖》的表现，是华语电影人共同合作的良心结果。

“我们看到这次《长津湖》就是两地导演共同合作的结果，它带来了良性的结果。因为每个地区的导演是不同的，有的地区文化更深厚，意味更深长；有的地方就是视觉表达更为丰富，那种愉悦感或者强度，对现代年轻人有极大的影响。所以说他们各有所长，汇在一起会有一个很大的力量。”

从早年参与《杀死比尔》的协拍，到担任监制，再到《长津湖》，到《1921》，黄建新也在努力推动着制片体系和中国电影工业化的进程。回望中国电影过去几十年的长足发展，黄建新说：“中国电影这些年在工业的程度上和工业的概念上有了长足的进步。我们说工业化其实就是一个制度，制片制度的建立，大家要遵循一个共同的一个文本去完成，而不是一个人的个性使然。这个系统是需要计算的，是需要无数张的契约，来锁定这样的一个关系。所有的东西都变得特别具体，因此你的一个体系得特别有效。”

数十年风雨兼程，中国电影金鸡奖也见证着中国电影的发展。回首过去，展望未来，黄建新也为金鸡奖送上了自己的祝福：

金鸡奖有两个意义，一个是它把电影作为艺术进行了全面的，或者是利用评奖的方式进行一次总结；另一方面金鸡奖通过自己的活动，使中国电影人在攀上这个高峰的路上有了一个目标。

中国电影金鸡奖 40年 CHINA GOLDEN ROOSTER AWARDS

访谈录

张小斐

张小斐：

“有一天梦想真的照进了现实”

“是我吗？真的是我吗？”

手捧金鸡奖杯，走进《蓝羽会客厅》，张小斐仍然难掩激动的心情。

她打趣地说，金鸡奖杯真的太“沉”了，拿一会儿肌肉都要长出来，但这份沉甸甸的重量同样是这座奖杯在她心中的分量。

> 金鸡奖是中国电影最高奖，对于我来说曾经是可望而不可即的存在。万万没想到，有一天梦想真的照进了现实。

2021 年，凭借电影《你好，李焕英》，张小斐荣获第 34 届中国电影金鸡奖最佳女主角奖。在与主持人蓝羽的对谈中，张小斐回顾了出道 15 年来的点点滴滴，既有辛酸与苦辣，也有喜悦与高光。

就像她在获奖感言里所说：“从电影学院梦开始的地方一路走到

• 张小斐做客《蓝羽会客厅》

金鸡奖的领奖台，这个过程也像一部电影。”

从名不见经传的小演员到54亿元票房电影的大女主，再到金鸡奖最佳女主角，张小斐面对过挫折，经历过彷徨，却从没有想过放弃。

> 曾经我以为梦想也许永远不会实现了。但现实告诉你，一定要牢牢地抓住梦想，不要放弃。

从舞台到大银幕，“我准备得太久了”

金鸡奖颁奖典礼前一天晚上，张小斐辗转难眠。

这种久违的兴奋状态，就像拍《你好，李焕英》第一天的感受。

对于“李焕英”，张小斐并不陌生。

• 电影《你好，李焕英》剧照

早在 2016 年，贾玲就曾将自己与母亲的故事改编成小品，张小斐就是李焕英的不二人选。

贾玲总对她说："看我是什么样，李焕英就是什么样。"

乐观爽朗，亲切温暖，这些属于李焕英的关键词，贾玲同样在张小斐身上看到了影子。

张小斐深知，小品的成功不等于电影的卖座。

选择她这样一个在电影圈名不见经传的小演员出演女主角，导演贾玲冒了很大的风险。

"我对她说，姐姐真的胆子挺大的。"

"还记得贾玲导演怎么告诉你，让你出演电影版李焕英的？"

面对蓝羽的提问，张小斐坦诚地说："玲姐似乎从来没有明确地

• 张小斐与贾玲的银幕牵手

说过就是你了。”

贾玲没说，张小斐也没有问。

她只是选择在每一次排练和磨合剧本的时候，都全力以赴，不断用行动告诉所有主创：“我可以演！”

这也是张小斐一直以来的行事方式，“默默地做好眼前的每一件事，也许这件事做好了，前面的路就都打开了。”

“从小品到电影，会有不适应吗？”蓝羽问。

张小斐平静地回答：“没有不适应，可能因为我准备得太久了。”

的确，十几年如一日的默默耕耘，换来了张小斐在大银幕的“华丽转身”，也让贾玲那个“大胆”的决定收获了意想不到的丰厚回报。

《你好，李焕英》最终以 54.13 亿位列 2021 年度票房亚军，也让张小斐成为亿万观众心中的“国民斐妈”。

张小斐将一路以来对表演的体悟凝结在对角色的塑造中，她诠释的李焕英温暖有力，深入人心，正如金鸡奖颁奖词所说：

> 表演清新松弛、沉稳投入，细节塑造丰满立体，对生活和时代感的把控恰到好处，用真情唤起了观众的情感共鸣。

“后李焕英”时代 “我不只是国民母亲”

《你好，李焕英》用朴素的母女深情打动观众，张小斐也不忘把获奖感言的最后一句话留给了自己的母亲。

她清楚地记得，小时候是妈妈坚持带着她学习舞蹈，带领她走上了文艺之路。

在张小斐的印象里，妈妈就像电影中的李焕英一样，对女儿从来没有过多的要求，健康快乐便是最大的愿望。

虽然没有来自家庭的压力，张小斐却从没放松过对自己的要求。

只不过在演员这条赛道上，除了实力和努力，也离不开运气和机遇。

张小斐还记得，刚毕业的那段时间，她一口气跑了几十个剧组，几乎颗粒无收。

赚不到钱，挨饿是常事，还要时不时遭遇制片人对自己外貌的质疑。有位女制片人就曾尖刻地对她说：“有没有觉得你脸上的一些地方有什么问题？”

在与蓝羽的对话中，回忆起这段经历，张小斐百感交集。

“那些不被人认可的时刻，或者是我站在台侧看到别人的表演收获观众掌声的时候，还有自己在家看电影看到令人激动的角色的时候，我都会很羡慕，也会有遗憾，遗憾自己作为演员，也许永远没有机会去演绎那样的角色了。”

正因为经历过漫长的等待，张小斐对每一个机会都格外珍惜。也正是凭着这股韧劲，正剧出身的张小斐在“姐姐”贾玲的引导下，一步步在小品舞台上站稳了脚跟。

张小斐坦言，最初接触小品和喜剧时，有过忐忑和拒绝。

一方面，喜剧的节奏感很难把握，她害怕自己演不好。

另一方面，她更害怕喜剧演员是个过于鲜明的标签，贴上了就撕不下来。

如今，十年过去，张小斐却格外感恩小品舞台对自己的塑造和锤炼。

没想到演小品给我带来这么多，没想到因为演小品，把我一步步引回到电影这条路上。所以我特别感谢走过的每一步路，都能牢牢地抓住，没有放弃。

面对《你好，李焕英》的巨大成功，面对“国民母亲”的爱称，张小斐充满感恩也提醒自己时刻保持平常心。

“我愿意去尝试不同类型电影，做演员不会设限，更希望其他类型片导演看到我，我不只有妈妈这一面。”

十五年磨一剑，带着金鸡奖的荣光，张小斐也将再度重装出发。

她写给金鸡奖的寄语，同样是她一直笃信的座右铭：

初心不忘，保持真诚，做好眼前的每一件事。

中国电影金鸡奖 40年 CHINA GOLDEN ROOSTER AWARDS

访谈录

刘佩琦

刘佩琦：

要演戏，先做人！

今天我获奖了，并不意味着我就成功了。我还要回到起跑线，我还要继续爬山。我会碰到一个小驿站。我已经弹尽粮绝，这个小驿站也就是我的加油站，拍着我的头说小伙子继续赶路吧，给我装满了干粮，装满了水。我永远是爬山者。

坐在《蓝羽会客厅》里，刘佩琦弥补了一个遗憾——说出了24年前准备好、但没能说成的获奖感言。1997年，凭借电影《离开雷锋的日子》中对雷锋战友乔安山一角的全情塑造，他获得了第17届中国电影金鸡奖最佳男主角奖。

在他心中，金鸡奖是业内最高的奖项，因为是来自专家学者的评定。在那份没说成的获奖感言中，他勉励自己："千万别膨胀，千万不要躺在功绩簿上睡大觉。"

带病接下角色　瘸腿演绎雷锋战友

收到《离开雷锋的日子》剧本时，刘佩琦正在天津养病。那时他腰椎间盘突出，一腿粗一腿细，走路一瘸一拐。虽然被剧本打动，但刘佩琦并没有第一时间答应接演，他不希望观众们在银幕上看到走路都有些困难的自己，甚至考虑到了剧组拍摄的困难——拍特写镜头很容易跟不住。但最后，他被剧组的诚意说服，忍着伤痛完成角色。那时，他心中只有一个想法："别让观众感受到我的疼痛。"

在前期筹备中，刘佩琦和演员副导演共同来到了铁岭，同角色原型乔安山见了面。回忆起这三天的接触，刘佩琦说对自己塑造人物起到了至关重要的作用。早上八点，他就来到乔安山家中。每天"黏"着老先生一整天，晚上也是边吃饭边聊天。这让刘佩琦感觉，自己走入了他的内心世界。

"他是背着一个沉重的十字架，走过了自己的一生，是在自责了自己一辈子。"刘佩琦回忆起乔安山对自己说："班长没了，是因为我的失误，夺去了他的生命。我就得接过他的班，我就得按照雷锋，按照老班长怎么做，我这一辈子我就这么做。碰到机会就做好事，被误解了也心无怨言。"听了这番话，刘佩琦深受震撼。他把这种压抑了一生的自责与救赎融入了表演中。

"我在得知班长牺牲的那场戏，那种要见班长最后一面，那种连长他们就拦着不让乔安山走近，但是他玩了命地非要扑向自己的老班长，就是在那场戏里面，我完全进入一种忘我的状态。"

刘佩琦还记得那场戏的拍摄环境，一座四面光秃秃的水泥房，他一走进去就控制不住地开始掉眼泪。当时还没有开机，工作人员仍然忙碌地进行准备工作，但刘佩琦完全控制不住自己。他在那个时候，

• 电影《离开雷锋的日子》片段

觉得自己进入了乔安山的状态。

“你说眼泪流下来，你还能给按回去吗？那场戏始终是在那种状态下。正好又符合乔安山此时此刻的状态。”

这种状态贯穿了全片的表演。刘佩琦除了与导演雷献禾有比较多的交流外，在片场总是沉默寡言。当蓝羽问到为什么他会把自己完全沉浸在这种状态中时，刘佩琦坦言，也是为了乔安山先生。

“我就想在那种情绪当中，把这个人物尽量地塑造得完美一些。乔安山他也会看到这个电影，我最在乎的是他的认可程度。”

体验过生活的作品　才能得到观众的认可

乔安山的塑造，让观众们感受到了一个活生生的人。刘佩琦觉得自己的表演之所以会成功，源头就是体验生活。“我拍了很多戏都是经过体验生活之后获得了肯定。不一定非得是拿奖，奖并不能充分地说明问题，只能说明部分问题。凡是我体验过生活的作品，不管是电视剧还是电影，都还是获得了好评。”

他还记得，1991 年拍《秋菊打官司》时，他在村里整整待了三十天，每天和村里的人“摸爬滚打”。张艺谋导演用职业演员混在素人群中“偷拍”的方式，完成了这部电影。说起如何让当地老乡们熟悉拍电影的规则，刘佩琦记得当时就是在村里走戏，直到老乡们对摄像机、灯光不再陌生和好奇的时候，才能让一部带着浓郁生活气息、真实感扑面而来的电影出现在大银幕上。

十几年前，刘佩琦与孙红雷合作《大工匠》，他记得孙红雷提出要体验生活，因为自己连工厂大门都没进去过。“最后挤出来十天体验生活。这一体验生活，那表演状态就完全不一样了。”回想起来，刘佩琦依旧对这种工作方式非常满意。在他看来，不体验生活，表演中生活化的场面就会让动作与台词分家。“如果你不体验生活，你不看到这种工人的生活场面，你自己根本想象不出来。拍出来就会变成干活是干活，说台词是台词，结合不上去。”

只为塑造好人物　对得起自己的角色

每一位得金鸡奖的电影人拍电影的目的一定不是为了拿奖，而是用心地去塑造那个角色。当投入全部的时候，那一份肯定自然就会给到手中。

《离开雷锋的日子》，就是这样倾情创作的一部影片，刘佩琦只是为了塑造好人物，对得起自己的这个角色。在这之后，《龙之战》这部刘佩琦在表演上付出巨大心血的作品，没能提名金鸡奖，其实也在他心中留下了些许遗憾。因为这是一部动作戏，是一部他亲身上阵、没用替身的电影。三伏天在横店骑马，相当于是骑在锅炉上。他也担心，随着年龄的增长，很难再实现《龙之战》这样的工作强度。

刘佩琦形容自己永远是“爬山者”，不会因为自己得了金鸡奖就膨胀，“内心膨胀是最可怕的”。

如今，金鸡奖走过了四十余年的历史，中国电影也涌现出一代又一代的新人。在刘佩琦心中，这个行业中最可贵的精神就是责任感，对观众负责，对角色负责。

> 我从老前辈他们身上学到了很多东西，不光是表演，还有他们的品德。我也希望我们的晚辈们，也应该向我们的老前辈，从他们身上学东西。我更希望金鸡奖更多的是孩子们去获得。因为我们电影，我们整个国家，未来都是属于孩子们的。

访谈录

中国电影金鸡奖40年

CHINA GOLDEN ROOSTER AWARDS

高明

高明：

塑造角色靠的就是细节

坐在放映厅一排排红色的观众席之前，演员高明和他手中那尊金灿灿的金鸡奖杯都有了岁月的痕迹。凭借在电影《孔繁森》中对主人公的精彩演绎，高明征服了专业评委，荣获了第16届中国电影金鸡奖最佳男主角奖的殊荣。

“现在的电影奖项挺多，咱们国内也有挺多的从业人员。作为我们演员来讲，确实更看重的是金鸡奖。因为金鸡奖它是技术成分最高的，衡量你作为一个演员的表演水平，是真的演得好还是演得一般，演好了才给你荣誉。所以我这个‘孔繁森’肯定演得还行，得到了专家们的肯定，我觉得挺高兴的。”

此次做客《蓝羽会客厅》，高明和蓝羽分享了自己从17岁参军到出演《孔繁森》的点点滴滴。

演员塑造靠细节　上高原感受孔繁森

“孔繁森原先也是参了军，在受了军队里边的锻炼，然后又再回到地方上工作。这和我经历很相似，所以我觉得军队在我人生当中是起了非常非常重要的作用。”高明毕生难忘军旅生涯对自己的塑造。在他看来，兵营的锻炼和教育，让他成为了一个大写的人。

党员就是先锋，苦的、累的冲在前面。

在兵营里，高明看到的是一群为理想而奋斗的人最纯洁的样子，每个人都是自己学习的榜样。“院里边很多老同志、党员，真的是让你从心里面一看就敬佩。冲在最前面的。下来演出我们坐大货车，坐在车屁股后边吃灰的，都是党员，都是老同志。”

出演《孔繁森》时，高明和剧组一起来到了西藏阿里。当地海拔达 4700 米，甚至有些外景地海拔 5300 米。冬季的西藏含氧量更低，拍摄条件十分艰苦。高明感慨，原来孔繁森是在这样一个环境里工

• 电影《孔繁森》片段

作。这种切身的感受，让他更加贴近了人物。

“那时候的西藏，各方面还算是比较落后的，电也不够。白天壮丽的河山漂亮得让你兴奋、让你震撼。一到了黑夜，简直寂寞得一塌糊涂。电视没有，跟人交流吧都是藏族同胞，语言不通。能够熬过来那真是一个需要很大毅力的事。所以我就觉得，孔繁森是一个伟大的人。毫不叫苦，甘心情愿，把老百姓的生活搁在自己心上的一个人。”

在西藏拍摄时，高明也在观察着藏族同胞的生活。在他看来，孔繁森在西藏的无私付出，是因为他感受到了长期生活在雪域高原的藏族同胞的精神力量。

“我一下子突然明白起来，你说孔繁森为什么对藏族同胞会是那样一种感情？他不但是体恤人家或觉得人家可怜，需要帮助。他是敬佩人家，他觉得这个民族是值得自己崇敬的。”

影片中有一场孔繁森为藏族老太太捂脚的戏，更是让高明感受到了援藏干部和西藏人民之间的鱼水情。开拍前他找不准情绪，根本哭不出来，甚至想放弃。但当他看到和他演对手戏的那位瘦骨嶙峋的老太太，听到她痛苦的剧烈咳嗽声时，他忽然忍不住哭了，觉得自己一下子完全融入了“孔繁森”。

“我们真是需要这样的共产党员，能够把自己和别人的疾苦心心相连，他能够体会得到老百姓的苦楚。所以影片拍完时，我心里边觉得我至少给他们做了次代言人，我觉得挺值的。”

演员是创造性的职业　从角色出发其乐无穷

高明曾经塑造过大量优秀共产党员干部的形象，观众们都评价高明演的角色贴近生活，平易近人，就像生活在自己身边。这其中大部分来自他对生活的理解和观察，但高明却谦虚地表示，只是因为自己遇到了人物刻画到位的好剧本。

从军人到演员，高明一直把心中的正义感和善良融入塑造的角色当中。不过有时，他也想演些喜剧片或者文艺片。采访中他表示，羡慕比自己年纪更轻的演员可以有很多不同的尝试。如果自己年轻二三十岁，绝对要去争取这些角色，这就是人物的魅力，表演的魅力。

在高明看来，演员是个富有创造性的职业，随时随地都会有新鲜感，让他能够把平时生活中积累的东西用在角色身上。他经常会想，也许此刻的感受就是下次角色创作时能够用上的情绪。

如今，金鸡奖走过了四十余年的辉煌。高明说，金鸡奖和电影行业给电影人带来最可贵的就是真诚与创造。

> 真诚，你是从角色出发，真诚地去塑造一个人物。这里边其乐无穷，真的是其乐无穷。你能够从表演中获得巨大乐趣的角色，老百姓肯定是认可的。所以我觉得演员最重要的两点，一个是真诚，一个是创造，什么时候你都不能丢了。

访谈录

中国电影金鸡奖40年

CHINA GOLDEN ROOSTER AWARDS

侯咏

中国电影金鸡奖 40年 CHINA GOLDEN ROOSTER AWARDS

侯咏：

金鸡奖最佳摄影获得次数最多者

电影摄影师、导演侯咏曾经保持了一项中国电影金鸡奖的纪录——获得同一单项奖次数最多的获奖者。他曾经先后四次捧得了金鸡奖最佳摄影奖的奖杯，直到2021年，金鸡奖四十周年的日子，才由他的老同学张艺谋导演，以及美术指导霍廷霄，分别以四座最佳导演奖和四座最佳美术奖的奖杯追平了这一纪录。

做客《蓝羽会客厅》，侯咏深情回忆起了这四座奖杯与三代知名导演合作的渊源：第一座奖杯来自中国第四代导演丁荫楠的《孙中山》；第二座来自第五代导演吴子牛的《晚钟》；第三座来自第三代导演谢晋的《鸦片战争》；第四座来自第五代导演张艺谋的《我的父亲母亲》。

回忆起刚开始参加金鸡奖到如今，侯咏感慨时间太快了。“我那会儿还年轻，然后看到老一辈的电影人都很尊敬，一个一个都很熟悉的面孔。以前都是看他们电影，听他们的名字长大。然后渐渐地我们也长大了，然后他们也渐渐地老了。”

25 岁合作第四代导演　首次获奖双喜临门

拍摄丁荫楠执导的《孙中山》时，侯咏只有 25 岁。彼时，他刚刚和同学田壮壮开始筹备《盗马贼》，在西安碰见了丁荫楠导演带着导演组来筹备《孙中山》。《盗马贼》杀青后，他在家中突然接到了《孙中山》剧组的电话，请他去做摄影师。

“我说你们不是都筹备得差不多了，人员都齐备，怎么回事？他就说试拍了一段儿，觉得人手不够，这个电影构架比较庞大，一个班子特别是摄影的班底可能不够用。所以就想再增加一个班底。”

拍完《孙中山》后，到了 1988 年初，侯咏婚后不久收到了得奖

• 侯咏回忆初次获奖

的消息，可谓双喜临门。一位刚出茅庐的青年摄影师，就拿到了代表着中国电影至高荣誉的奖项。回想起这段往事，侯咏笑称可能是丁导希望给剧组增加些年轻力量，当时万万没想到进组第二天就开始拍摄了。不过，《孙中山》的创作给他开辟了一个新的天地。自那时起，他对电影摄影的认识也有了一个新的长进。

“我们刚出学校的时候，就是要追求真实。所以当时我有一个誓言就是说我坚决不进摄影棚。然后到了《孙中山》以后我发觉这种意识行不通，因为历史题材所有东西都不存在，包括场景什么的。即使找到当年遗留下来的遗迹，你在这遗迹里面拍，但是摆设呀什么的全都得人工恢复。那问题来了，恢复成什么颜色？桌子是什么样？椅子什么样？这些都得需要人工。”侯咏认识到，电影摄影还有另一种模式，包括的范围更广，也让他有了全新的视野。

让他记忆深刻的是，当时曾经拍摄过一个上万人参演的大场面，他却丝毫没有心理负担。当时拍摄是使用胶片，也没有监视器能看到实时画面，究竟拍成什么样子，只有摄影师一个人知道。现在回想起来，他也只能感慨自己初生牛犊不怕虎了。

胶片时代很多未知　章子怡处女作曾拍 27 遍

无论是拍《孙中山》还是拍《鸦片战争》，侯咏都得到了不少拍摄大场面的锻炼。回忆起《孙中山》的拍摄，很多镜头至今仍然烂熟于心。他记得自己拍清兵调遣的画面时，山坡里全是部队配合演出，画面里是队伍的流动，像水一样。这幅场景让他念念不忘。

“用现在的话就是特别嗨，拍的时候特别嗨。都是两千人、五千人的大场面。一调度起来，我就觉得我凭什么？我一说这边再加一百

• 侯咏拍摄《孙中山》工作照

人，然后人家咵过来就加一百人，那边儿不够再往那边点儿。后来回想起来说，作为一个二十五岁的年轻人，居然能够调动这么大的场面。”

待到拍《晚钟》时，侯咏对胶片拍摄具有的未知性深有感触。“胶片时代跟现在一个很大的区别就是你在创作当中有很多未知。你把它拍下来以后，你自己都不知道事后的真正效果是什么样。你只能根据你的经验去控制这个最后的效果。然后等到真的看到样片，你能达到这样的效果，有的时候是很出乎意料的，会让你很惊喜。”

侯咏回忆，拍《晚钟》时他也是特别投入，“我的心态没有任何顾虑，就是拍”。一个镜头接着一个镜头地拍一天下来，等到太阳落山，他也收工了，才顾得上平视一下周围的环境，其余时间，则完全沉浸在拍摄画面中。

而在拍《我的父亲母亲》时，让他最难忘的是章子怡的第一场戏足足拍摄了 27 遍。

“我记着《我的父亲母亲》拍的第一个镜头，拍了二十七条，胶片时代拍了二十七条，这是一般剧组不会有的。为什么拍二十七条呢？不仅仅是演员的问题，因为作为章子怡，她拍的第一个镜头，她也有一个适应过程。然后导演对她的表演也有一个适应的过程。然后我们所有的创作人员，对这部影片的风格也有一个适应的过程，一个认定的过程。”

因为这部戏，侯咏与章子怡结缘。之后，他将章子怡选为自己导演作品《茉莉花开》的女主角，一人分饰三角。章子怡也因此片，获得了金鸡奖最佳女主角的桂冠。

“金鸡”精神代代传承　电影人永远年轻

从胶片时代到数字时代，技术在不断变化，但总有不变的东西。侯咏说，不变的就是电影人对电影的热爱。

> 因为大家对这个行业的喜爱、对这个专业的喜爱、对从事的这个工作的喜爱，然后变成了对这个工作的投入、不计后果的投入。我觉得这个是前人们给我们传承下来的一种精神。

在他看来，金鸡奖走过四十多年的路，是一条传承之路。一代一代传承下去，每一代人都从金鸡奖当中获得一种精神，一种电影给予的力量。

中国电影金鸡奖 40年

CHINA GOLDEN ROOSTER AWARDS

访谈录

冯远征

冯远征：

年轻电影人要德艺双馨

冯远征是银幕上的实力派演员，也是话剧界不可或缺的中坚力量，他塑造过众多深入人心的角色。2004 年，凭借《美丽上海》中“阿荣”一角，冯远征成为金鸡奖最佳男配角，斩获了自己的第一座金鸡奖杯。

未入行时，冯远征觉得金鸡奖是一个遥不可及的梦，而当他走入演艺界又觉得如果好好工作、认真演戏，金鸡奖于他而言应该是伸手可得。可没想到，他这一伸手，就伸了二十年。

难忘夺奖时刻　与太太梁丹妮共享荣誉

1985 年，冯远征考入北京人民艺术剧院，之后他应邀赴联邦德国西柏林高等艺术学院戏剧系进修戏剧表演，主攻格洛托夫斯基表演学派。1991 年回国，成为北京人艺演员，开始了演艺生涯。夺奖那

• 冯远征回看获奖画面

年，冯远征 42 岁，那时他已经从艺二十年，这是他第一个获奖的演员奖项。

回想起这个演艺生涯高光时刻，冯远征打开了话匣子，从入围金鸡奖聊起了他的心路历程，“很意外，因为这个片子是一个小成本作品，竞争对手也都是很强，所以自己并没有觉得获奖的可能性很大，但是很激动，就觉得终于入围了！”

颁奖前一天，冯远征躺在床上问太太梁丹妮：“万一要是真得了呢，我应该说点啥呀？”第二天，冯远征在颁奖礼上仍然很紧张，“那会儿还是百花金鸡合在一起，百花奖完了我出去走了一圈，刚往那一坐，颁出的第一个奖项是最佳男配角奖，可能镜头照我了，我得坐好点儿。”那一刻的冯远征还不知道，他的期待即将成真。

当颁奖嘉宾念出冯远征的名字时，他和太太梁丹妮都非常激动。

正如他所说，从台下到台上短短的一段路，他奋斗了二十年。

而现在的冯远征“后知后觉”回想，其实自己已经十分幸运：“第一部片子就遇到了张暖忻导演；拍完《青春祭》以后的第二年，我就考进了北京人艺；考进北京人艺的第二年，我就遇到了我的德国教授；回来的当年就碰见梁丹妮，然后1993年就和她结婚了。我觉得我在事业上或生活上，在关键时候都能够遇到贵人，而且这些贵人都是女贵人。”

如今，冯远征和梁丹妮已经结婚三十年，他们的爱情故事也是观众熟知的一段佳话。那年，在金鸡奖的获奖感言中，冯远征专门感谢了太太梁丹妮，说金鸡奖是送给她的生日礼物，坐在台下的梁丹妮流下了幸福的泪水。

同样作为演员，冯远征能够体恤她的心情，“她知道一个演员得奖多么不容易，所以她那天哭得很厉害，回酒店就把奖杯放在那，我俩就看它。”而作为丈夫，冯远征更贴心地照顾到她的感受，“她摸了摸奖杯，我能看出她有一点小的羡慕和小的失落，因为她没有得过，所以我为什么说这个奖杯是给她的。”

那是冯远征人生中难以忘怀的一天，他说自己“永远忘不了”。这座来之不易的奖杯，是对他在演艺行业奋斗的肯定，也是他希望与太太梁丹妮共享的荣誉。

小角色大光彩　最佳配角是如何炼成的

《美丽上海》是第五代导演彭小莲执导的电影，她用女性独有的细腻视角，讲述了生活在旧上海的一家人多舛的命运。这部影片也是当年金鸡奖的最大赢家，收获了最佳故事片奖、最佳导演奖、最佳女主角奖、最佳男配角奖四项大奖。

谈到参演这部影片，冯远征和主持人蓝羽分享了当年选角的小故事，“原来那个角色的名字不叫阿荣，是因为要张国荣来演这个角色，所以叫阿荣。”剧组最早的时候找到他，然而过了一段时间却没了消息。有一天，他在电视节目中听说张国荣要演《美丽上海》，便以为自己与角色失之交臂。没想到之后的某天，剧组突然通知他飞去上海。他问起其中缘由才知道，“那个时候张国荣已经得病了，所以他们就紧急重新调整了。”

为了阿荣这个角色，冯远征每天揣摩台词和学说上海话，“那段时间我跟上海的工作人员一起，就会问他上海话怎么说这句话，我先知道纯上海话怎么说这句话，然后我再说上海普通话怎么说这句话。”他总结了上海方言的音调和发声，“比如上海话比较扁，比较靠前，张嘴之前会有一个‘哎’，我会把这个加进去。”影片中，冯远征把一个上海男人演绎得活灵活现，甚至很多人看完电影都以为他是上海人。在冯远征看来，这是一个专业演员必须做到的事情。

对于自己在《美丽上海》里的表演，冯远征把这份成功归结于演员们的配合，“特别棒的就是说，这些演员全把自己的表演降到了最低的一个状态，最自然的一个状态，不是互相较劲飙演技。”

他认为，飙戏并不是一个好词，搭戏才应该是表演中的常态，“飙是什么状态，就有火冒三丈的感觉，所以我觉得飙其实是不舒服的，而搭是和谐，是舒服的。恰恰这个戏，每一个演员都在自己的那个可活动的范围内，找到自己最舒适的状态。”

回顾冯远征的演艺生涯，无论是电视剧《不要和陌生人说话》中的家暴男，还是电影《天下无贼》里的娘娘腔劫匪、《非诚勿扰》里的同性恋、《美丽上海》里的阿荣，都给观众留下了深刻的印象。这

• 电影《天下无贼》中冯远征的经典画面

些角色有主角，也有出场时间非常短的配角。主持人蓝羽感慨："能够把一个配角演出光彩，是非常不容易的。"

对此，冯远征认为，只有小演员，没有小角色，只要用心创作，小角色也能绽放出大光彩。访谈中，他向观众分享了《天下无贼》幕后的创作心得，"我跟范伟老师就那么一场戏，就两页纸，我和范伟老师演俩劫匪，拍的时候范伟老师一开口'打打打打劫'，那些群众演员就笑了。这一笑，范伟老师就来劲了，更结巴了。我说这可麻烦了，我要是按照正常的演，我演不过人家，最后我干脆就兰花指出来了。"

最终，这场戏成为了《天下无贼》的"名场面"之一，冯远征饰演的滑稽劫匪的台词也成了当年流行的金句。那年春节，他收到很多朋友发来的短信："不许笑，打劫呢！"

德在前艺在后　冯远征谈演员德艺双馨

在影视作品中，冯远征的形象非常多变，他经常把怪异另类的角色刻画得入木三分，尤其是《不要和陌生人说话》中的家暴男安嘉和，让当年很多观众对他恨得咬牙切齿。但生活中的冯远征，不仅是兢兢业业的低调戏骨，也是尊重妻子的体贴丈夫。他的为人和演技一样，经得住时间的考验。

多次被评为德艺双馨文艺工作者的冯远征，对于“德艺双馨”这四个字有着深刻的理解，“我在学员班的时候，老艺术家讲课的时候经常会提到，清清白白做人，认认真真演戏”。冯远征从学生时代就以这样的标准要求自己。他表示：

> 德艺双馨，也是德在前，艺在后，首先你学会踏踏实实地做一个好人，才能够去演好戏，所以我也说，做不好人演不好戏，这是肯定的。

节目中，冯远征也寄语年轻一代文艺工作者，希望他们能够做到德艺双馨，在品行上对自己有更高的要求，“希望年轻一代的电影人，能够以金鸡奖为目标，做德艺双馨的金鸡奖获得者。”

访谈录

中国电影
金鸡奖

40年
CHINA GOLDEN ROOSTER AWARDS

霍建起

霍建起：

四获金鸡奖的他，挖掘了最好的演员

作为中国第五代导演的代表人物之一，霍建起细腻含蓄的美学风格独树一帜，俘获了国内外影迷的喜爱，20 世纪 90 年代末至千禧年初，《赢家》《那山那人那狗》《蓝色爱情》《暖》四部影片，让他四次获得中国电影金鸡奖。

1996 年，霍建起凭借电影《赢家》，获得了第 16 届中国电影金鸡奖最佳导演处女作奖。对于首执导筒的他来说，这份来自专家的肯定，为他之后的创作生涯奠定了信心。

随后的 1999 年，霍建起执导的《那山那人那狗》，荣获第 19 届中国电影金鸡奖最佳故事片奖；2001 年，他凭借《蓝色爱情》，荣获第 21 届中国电影金鸡奖最佳导演奖。两年后，他凭借《暖》四获金鸡奖，成为了拥有四座金鸡奖杯的导演。

四座金鸡奖杯的荣誉背后，是一位导演的执着、敬业和热爱。

• 霍建起四获金鸡奖

十年历练　处女作夺奖建立信心

霍建起1978年考入北京电影学院美术系。不同于张艺谋、陈凯歌、田壮壮等第五代导演在20世纪80年代就开始创作，1996年，霍建起才拍摄了自己的第一部影片《赢家》，正式走上导演之路。

因为开启导演生涯较晚，他曾经调侃自己是"第五代半"导演。"当时您是38岁的年龄，最终是什么样的动力，促使您真正成为了一名导演，拍了《赢家》这部电影？"主持人蓝羽在节目中不禁好奇地问。

霍建起直言，拍电影很难，"北京电影学院的毕业生都要有十年时间去进行长期副导演这样的历练。我觉得在这过程中，积累了很多拍电影的创作上的感觉和经验。"毕业后，他曾为田壮壮导演的《九月》《盗马贼》，夏钢导演的《遭遇激情》《大撒把》等多部影片担任美术

· 电影《赢家》片段

设计，在历练中积累了丰富的经验。

“那个时代，突然改革开放了，我们就遇到了机遇。然后我就找了田壮壮，我说我想拍个片子，他就带着我找我们当时的厂长韩三平，厂里也帮着促成了这件事情，后来就拍了这部片子。”霍建起回忆道。

电影《赢家》讲述了一个残疾人运动员的爱情故事。片中，宁静饰演的陆小杨与邵兵饰演的运动员常平在一次车祸中相遇，常平帮助受害的小杨讨回公道。在后来的接触中两人相爱，并突破重重阻碍走到了一起。首次执导影片，霍建起就凭借《赢家》获得了第16届中国电影金鸡奖最佳导演处女作奖。

说起二十几年前的获奖经历，霍建起记忆犹新：“那是我第一次拍戏，又是第一次参加金鸡奖的活动，也不知道会是什么结果，当时说得了这个奖的时候很高兴。后来见到评委里的史蜀君老师，她说她特别喜欢这个片子，其实是大家对你的一个肯定。”

美术出身的霍建起，用自己的视觉审美形成了他独特的影像气质。他很开心自己的处女作得到专家的认可，“在你第一个影片的时候，他们似乎看到了某种新意，其实这对导演后边的创作是特别有帮助。”

四座“金鸡” 他挖掘了最好的演员

带着这份信心，霍建起在之后的十年非常高产。他陆续拍摄了《那山那人那狗》《蓝色爱情》《生活秀》《暖》《情人结》等电影，在国内和国际上收获了不少奖项和关注。

电影《那山那人那狗》改编自作家彭见明的同名小说，是中国为数不多的反映邮政题材的影片。影片用清新的影像风格，展现了两代人之间的传承故事。其中，严肃深刻的父子情与质朴无瑕的乡民情，真挚又感人。

《那山那人那狗》先后在第19届中国电影金鸡奖、第25届日本电影学院奖、第23届蒙特利尔国际电影节、第31届印度国际电影节收获提名和奖项。当年，这部影片在日本发行大获成功，成为当年日本票房最高的中国电影。时隔多年，《那山那人那狗》在2019年的北京国际电影节重映时一票难求，甚至还有日本影迷千里迢迢赶来观看。

除了奖项方面的成功，《那山那人那狗》也为当时还是学生的刘烨、陈好铺开了演员道路。谈到当时选中还是学生的刘烨出演男主角，霍建起向蓝羽透露，当年的导演们选角都会去北影和中戏这两

• 电影《那山那人那狗》剧照

所高校。他去的时候，其实是想见段奕宏，没料到意外“捡”到了刘烨。

“当时我在学校等他们下课，我坐在楼边上，看到一个人在那打篮球，忽然发现一个人形象不错，就给他叫来了”。霍建起坦言影片中这个角色表演难度不小，自己对刘烨要求很高，好在最终刘烨的表现没有让他失望。“他在拍摄过程中也很重视，比如他要跟狗住一间屋子，那狗很有味儿，就住在他床下，因为要跟它熟悉起来，演戏的时候才能配合默契。”

霍建起用镜头记录了刘烨青涩稚气的 19 岁，“可能今天再弄，那个时光一过，他那个感觉也就消失了，那是另一种成熟的东西了。”

霍建起对于选角向来独具慧眼，从他电影里走出来的新演员们，从《那山那人那狗》里的刘烨，到《蓝色爱情》里的袁泉、潘粤明，再到《暖》里的关晓彤，如今都在影视行业大放异彩。

一份热爱 支撑电影创作的初心

在《那山那人那狗》之后，霍建起凭借《蓝色爱情》荣获第 21 届中国电影金鸡奖最佳导演奖。与前面获得的最佳导演处女作奖和最佳故事片奖不同，这座最佳导演的奖杯是对导演工作的莫大肯定。霍建起表示:“在这个过程中，有时候你想创作更不一样的片子，有一种新的表达方式和电影语言，可能就在这方面做了一些探索，也是评委们的一种鼓励吧。”

两年后，霍建起凭借《暖》第四次荣获金鸡奖。这部影片改编自莫言的小说《白狗秋千架》，讲述了暖与井河之间的一段悲情故事。影片拍摄期间，主演郭晓东突然接到了父亲去世的噩耗。对于这个

• 电影《蓝色爱情》片段

意外事件，霍建起回忆：“这种事没什么可商量的，肯定得让他回去，就是怎么把他的行程计划好，因为剧组耽误一天也是很难办的事情。”

于是，霍建起决定提前拍摄《暖》结尾郭晓东的内心独白戏，“实际上仔细看的时候，能看见他有一滴泪很快就划出画面。”在飘曳的芦苇中，井河满怀着惆怅与遗憾离开家乡，情绪显得十分低落。主持人蓝羽也感受到了霍建起的用心，“他可能在拍的过程中，也把最后没能陪在父亲身边的歉疚，融注到了他的表演当中。”

值得一提的是，《暖》里面可爱的小演员关晓彤，如今已经成长为备受观众喜爱的青年演员，是新生代演员里的著名花旦。霍建起说起关晓彤打趣道：“现在快变成白雪公主了，反差太大了。当时看见她的时候，她基本就是影片里这个样子。我觉得她很舒服，很自然，就觉得这孩子可以。”

谈及《暖》的创作，霍建起特别感谢原著作者莫言：“莫言小说写得很好，他改编过电影，所以特别清楚编剧的工作。尤其编剧提出这场戏要怎么改，他就会给出一些比较具体的意见。比如故事里的儿子换成女儿了，就是暖的命运的一个延续，就像一个轮回一样。”据说莫言在看完电影后，流下了感动的泪水。能够得到原著作者的肯定，这让霍建起十分欣慰。

四座金鸡奖杯，见证着霍建起作为导演一路走来的历程。

电影看上去光鲜，实际很艰苦，每一个人都不是钢铁铸成的，都知道这是一个很苦的工作，但是每个人又都这么投入，就是因为热爱。

中国电影金鸡奖40年

CHINA GOLDEN ROOSTER AWARDS

访谈录

苏小卫

苏小卫：

连续斩获金鸡奖的金牌编剧

苏小卫是中国内地大名鼎鼎的金牌编剧，也是导演霍建起事业与生活上的最佳搭档。她擅长用女性特有的细腻视角精准地刻画人物内心，赋予了一个个角色鲜活的生命力。

从 20 世纪 90 年代至今，苏小卫写出过多部获奖剧本。她参与创作的《赢家》《那山那人那狗》《生活秀》《暖》《唐山大地震》等影片，多次提名中国电影金鸡奖。2002 年，她凭借《生活秀》摘得第 22 届中国电影金鸡奖最佳编剧奖；2003 年，她凭借《暖》再次斩获第 23 届中国电影金鸡奖最佳编剧奖。苏小卫在业内一直以低调著称，早期编剧作品经常署名思芜、秋实。

从业多年、荣誉傍身，苏小卫言谈间仍然保持着绝对的低调谦逊。说起在 2002 年金鸡奖舞台领奖的高光时刻，苏小卫十分自谦："我对自己说，我只是一个代表，我既代表了这个电影，我也代表提了名的、没有拿到奖的编剧，或者更多的编剧们。我必须得有勇气站

• 苏小卫的金鸡奖杯

在这儿，拿着这尊沉甸甸的奖。”

从提笔创作到连捧“金鸡”

其实，苏小卫并非编剧专业出身，但从她开始创作剧本伊始，就展现出了过人的才华。1996 年，苏小卫担任电影《赢家》的编剧。这是她第一个电影编剧作品，也是霍建起第一次执导电影。最终，影片获得了第 16 届中国电影金鸡奖最佳导演处女作奖。

谈到走上编剧道路的契机，苏小卫娓娓道来：“我年轻时候都不太了解怎么去学电影，研究生是学中文，但是我对剧本这个写作方式了解得还是比较早的。上中学时读莎士比亚就觉得很有意思，可能那个编剧的种子还是埋得很早的。和霍建起的这次合作，让我的这个种子有了成长的机会。”

“作为一个编剧，首先这个故事要得到导演的认同，然后再得到演员的认同。”苏小卫在节目中和主持人蓝羽聊起了电影《赢家》的幕后故事，“我记得当时是通过熟人把剧本递给了邵兵。后来听邵兵说，他那天在游泳，就趴在游泳池边上看这个剧本。他说他就没动，一直趴在那看完这个剧本。起来以后就给导演打电话，说我要接这个戏。”

之后，苏小卫凭借《赢家》入围了金鸡奖的最佳编剧奖。不过，当年的最佳编剧奖宣布空缺，“金鸡奖在我们的概念中是一个专家奖，它对你的提名，就是评委会对你的肯定，所以我当时还是很高兴”。对于初次提名未能得奖这件事，苏小卫并不遗憾，“可能这对我是一个提醒，提醒我这条路是很长的，不是那么容易就上到山顶的，是另一种激励吧。”

《赢家》能够获得金鸡奖最佳导演处女作奖，与苏小卫的剧本创作密不可分。但她十分谦虚，言语中满怀感恩：“那个时候还小，能够在努力之下，让投资方认可这个剧本，让北影厂的领导认可这个剧本，然后霍建起能把这个剧本拍出来，我觉得我的期待已经全部实现了。”

2002年，苏小卫凭借《生活秀》获得第22届中国电影金鸡奖最佳编剧奖，拿到了作为编剧的第一座金鸡奖杯。影片根据作家池莉的中篇小说改编，讲述了单身女个体户来双扬的悲喜人生，展现出武汉的风土民俗和人情冷暖。主演陶红也凭借来双扬一角，摘得了当年金爵奖、华表奖、金鸡奖三个最佳女主角的桂冠。

“能够改编文学作品是一件特别荣幸的事，第一座金鸡奖杯也对我意义非凡。”苏小卫在和主持人蓝羽说起《生活秀》的剧本创作时，也始终保持着那份谦虚的态度。

“编剧是修高铁而不是坐高铁”

《生活秀》之后，苏小卫于2003年凭借《暖》，再次夺得第23届中国电影金鸡奖最佳编剧奖，《暖》也荣获了那一年金鸡奖的最佳故事片奖。

如前所述，电影《暖》改编自莫言的小说《白狗秋千架》。有机会改编自己仰慕的作家的作品，让苏小卫直言幸运。

直到今天，苏小卫还记得当时自己在创作上遇到的难题，“我遇到了一个特别大的瓶颈，就是怎么写故事的结尾，就是‘我回来道歉了，我们两个初恋也不可能重新开始了，你也有家有孩子了’，我就不知道该怎么写了。”在和莫言老师的讨论中，她吐露了创作不出故

• 电影《暖》剧照

事结尾的苦恼。当时，莫言没有接话。两天后，苏小卫接到了莫言打来的电话。

“他说我想出来一个结尾，可以是这个哑巴，让井河把暖带走。”苏小卫说莫言的话像是给她点燃了一盏明灯，“当然这个结尾怎么写，并不是莫言老师一个字一个字告诉我的，但是我就会了，我就让那个小女孩对井河说，我爸让你带我和我妈走。”于是，《暖》有了我们看到的这版感人结局。

“近年来大家说的特别多的一个话题是‘内容为王’。这个行业里面特别缺少的是好的剧本、好的故事，您有什么样的话想对现在的一些青年编剧们说吗？”对于主持人蓝羽抛出的问题，苏小卫给出了非常简单的答案：认真。“做编剧的不能天天想着坐高铁，又快又舒适；要像修高铁，它是非常难的，所有的困难和艰苦都是常态，再有就是虚心，要学习。”苏小卫希望，青年编剧们能够把每一个创作的机会捧在手里，而不是为了完成而完成。

在呼吁编剧提升自身水准的同时，苏小卫也希望业内能够更多地重视编剧、重视创作。“怎么重视都不过分，电影是从剧本开始的，它决定着一个电影的最终结果。我们有很好的演员，我们有很好的导演，我们有很好的团队，我们也不缺资金，但其实还有一环是更需要重视的就是创作。再有就是要多给编剧时间，比如他看书的时间、下生活的时间、修改的时间，包括参与后期给片子提意见，即便在剪辑台上，好的编剧都应该在场。”

谈到金鸡奖的意义，苏小卫表示，金鸡奖的作用并不仅仅是颁发奖项，更重要的是，它提供了一个电影人和观众面对面的仪式。在她看来，这是一种互相激励。她希望，在金鸡奖的激励下，中国电影行业能够涌现出更多经得住时间检验的优秀作品。

访谈录

中国电影金鸡奖40年

CHINA GOLDEN ROOSTER AWARDS

王晓棠

王晓棠：

终身为民奉献　讲述人民故事

坐在主持人蓝羽对面的王晓棠，让人完全看不出她已经是耄耋之年。

这位神采奕奕、优雅迷人的女性影人，曾是中国20世纪五六十年代的“顶流女演员”，塑造过无数深入人心的经典角色。转战幕后，她继续以导演和编剧的身份在电影行业耕耘，把真挚的情感倾注在作品中，将自强不息的精神传递给观众。

2001年，王晓棠自编自导的电影《芬芳誓言》获得巨大反响，并摘得第21届中国电影金鸡奖最佳编剧奖。这一奖项，由她和王宸老师共同获得。这部讲述海峡两岸骨肉亲情的影片感动了所有观众，让台湾同胞感慨“真是应该统一了”。

2015年，81岁的王晓棠获得了第30届中国电影金鸡奖终身成就奖。这座沉甸甸的奖杯，是她用心血和汗水浇灌的艺术生涯的最好诠释。

• 王晓棠做客《蓝羽会客厅》

“六亲不认，只认作品”

金鸡奖诞生四十多年来，一直与时代律动同频共振。作为老一辈电影艺术家，王晓棠与金鸡奖共同经历了辉煌历程。她不仅是金鸡奖获奖者，还曾两度担任金鸡奖评委会主任。在被蓝羽问到心目中的金鸡奖标准时，王晓棠非常认可金鸡奖评审标准的“三十二字箴言”：

六亲不认，只认作品，
八面来风，自己掌舵，
不抱成见，从善如流，
充分协商，顾全大局。

1955年，王晓棠拍摄电影《神秘的旅伴》首次登上大银幕，她扮演的彝族姑娘给人留下了深刻的印象。出身京剧演员的王晓棠时年21岁，因为外形出众被选进剧组。

“那时候我在总政文工团的京剧团，刚刚调到话剧团一年多。导演林农和朱文顺选了很多人不满意，最后他们听说总政京剧团有一个报幕的女孩不错。可是找到京剧团，我已经不在了，他又找到话剧团，这样上的第一部片子。”回顾自己与电影缘分的起点，王晓棠脸上泛起喜悦。

《神秘的旅伴》让观众认识了王晓棠，之后，她开启了自己璀璨的艺术生涯。1958年，她主演的电影《边寨烽火》获第11届卡罗维·发利国际电影节青年演员奖；1959年，主演经典电影《海鹰》；1962年，被文化部评为“新中国二十二大电影明星”之一；1963年，她又成功塑造了《野火春风斗古城》中性格迥异的金环、银环姐妹俩，成为了那个年代家喻户晓的明星。此外，在《碧空雄师》《鄂尔多斯风暴》《英

• 王晓棠一人分饰两角

雄虎胆》等电影中，王晓棠也用一个个鲜活的角色，展现了自己对角色的塑造能力。

谈到角色创作的秘诀，王晓棠直言自己就是靠用功，“百分之百的努力也不见得成功，不成功也得有百分之百的努力。”节目中，王晓棠以她在《野火春风斗古城》中一人分饰两角的经历举例，“我们拍戏那会儿不像现在，条件没有这么好。导演先拍银环，因为银环的妆复杂一点，拍完银环原封不动再拍金环，先去录音，把黑片抽掉，洗印出来就是两个人，再重新配音，一遍就全部通过了，为什么？用功！”就这样，靠着天赋和加倍的努力，王晓棠一人饰演的双姝大获好评，《野火春风斗古城》也成为她事业的里程碑。

之后，王晓棠的导演处女作《翔》让她正式开启了导演生涯，她以导演和编剧的双重身份活跃在幕后。蓝羽好奇地问道：“为什么您一定要自己来把控剧本呢？”王晓棠诙谐地表示：“有时候导演二度创作，编剧不同意，就会有争论，编导合一的时候自个儿跟自个儿争论比较容易统一。”

另一方面，王晓棠也表示，自己要表达的主题只能自己写。海峡两岸题材的《芬芳誓言》，就写了一个她想要表达的故事：用一个苦苦等待了半个世纪的凄美爱情故事，表现海峡两岸骨肉同胞期盼团聚的主题。

“我想拍一部没有一句政治口号、但是润物细无声的影片，所以选择了这么一个题材。”影片上映后屡获好评，被资深媒体人评价“惊人的真实”。这样的反馈，也让王晓棠十分满意。

“我耿耿心，终身修炼”

出生于战争年代的王晓棠，早年间随父母辗转多地，有着一段极其特殊的童年。

“1937 年全面抗战爆发之后，我和我的家人就一步一步地从河南到了宜昌，到了保卫大武汉，那是一片抗日的热潮，最后到了重庆。”王晓棠回忆起战乱的年代，头顶飞过日本飞机轰炸，“我问为什么日本要打我们？大人说，因为日本人说我们是‘东亚病夫’，说我们是‘一盘散沙’，那我们怎么办？我们要把他打出去，我们要自强不息，要有本事才能保家卫国。”

在获得终身成就奖的那天，王晓棠在台上激动地说：

> 展望未来的中国电影，将以它绚丽的民族色彩屹立于世界之林，未来的中国电影将拍摄出中国人民宽阔的胸怀、高尚的人

• 王晓棠在颁奖礼上即兴发言

品，将反映中国子弟兵，以他真才实学的本领捍卫世界和平。

回忆起当时的即兴发言，王晓棠解释道，由于前面的奖项获奖者发言时长比较长，到最后颁“终身成就奖”时，现场直播所剩的时间不多，她没有读出自己早就准备好的获奖感言。为了弥补这个小小的遗憾，王晓棠也在《蓝羽会客厅》展示了这份获奖感言，是一首深情的诗歌。

少小。经历抗战：
幼稚的心上，
播种下自强而不息，沃土，
搅拌着苦难。
大了，渐渐懂得。
荣誉，如水助风帆——
‘水能载舟。亦能覆舟。’
举一反三。
人生。花明柳暗——
谁都得经日月验鉴。
我耿耿心。终身修炼；
终身，为民奉献！

即便经历过特殊年代的苦难洗礼，体验过个人生活的跌宕起伏，她仍然保持着一种昂扬与坚毅的力量，牢牢坚守着为民奉献的初心。短短的感言，展现了她作为军人的飒爽与作为创作者的坚持。

在王晓棠看来，作为文艺工作者必须要做到终身修炼，“要修炼你的品德，你的专业，你的知识，你的待人接物，为民奉献就是终身要为人民服务，人民是中心。”这些话不是空洞的口号，王晓棠用她一生的时间，践行着自己的初心。

诞生于1981年的中国电影金鸡奖，已经走过了四十多年的风雨历程，它见证了中国电影的飞速发展，也见证着中国社会波澜壮阔的变迁。对于未来的金鸡奖，王晓棠也在节目最后送出寄语。

> 未来中国要成为电影强国，金鸡奖是当之无愧的中心力量，它要激励出更多的精品，激励出更多的人才。

中国电影金鸡奖 40年 CHINA GOLDEN ROOSTER AWARDS

访谈录

蓝羽

结　语

对话金鸡影人　聆听光影心声

2022 年 1 月 10 日，《蓝羽会客厅》特别节目“金鸡奖访谈录”播出最后一期表演艺术家王晓棠访谈，圆满收官。这档由电影频道《中国电影报道》团队制作的特别节目，在保持电影话题专业性的前提下，探索网络时代的年轻化表达，不仅得到电影业界好评，节目视频及短视频在全网也获得超两亿播放量。

节目中，电影频道主持人蓝羽与三十九位金鸡奖荣誉获得者面对面访谈，向观众娓娓道出金鸡奖四十余年的风雨历程，呈现金鸡获奖影人鲜活真实的台前幕后，共忆中国电影光辉旅程。

对话电影人，记录和见证金鸡奖

中国电影金鸡奖创办于 1981 年，是电影行业的专业奖项。走过四十多年的中国电影金鸡奖见证了中国电影一步步从青涩走向成熟，从电影大国迈向电影强国的历史足迹。这其中，金鸡获奖影人鲜活生动的台前幕后故事，则成为中国电影宝贵的历史和精神财富。

基于此，“金鸡奖访谈录”邀请到三十九位金鸡奖荣誉获得者，共同讲述电影创作中难忘的创作心得与艺术感悟。

节目邀请的嘉宾有曾经创作出诸多经典影片的前辈影人，也有当下活跃在创作一线的生力军。其中，包括表演艺术家王铁成、奚美娟、刘晓庆、张瑜、倪萍、宋春丽，导演艺术家谢飞、丁荫楠、张艺谋、黄建新、肖桂云、尹力，新锐导演陈建斌、文牧野，以及青年演员邓超、夏雨、刘烨等，涵盖台前幕后的老中青三代电影人。

这些电影人是金鸡奖荣誉的铸就者、获得者，更是中国电影砥砺奋进道路上的开拓者、前行者。

在与各位电影人的交谈中，蓝羽适时追问艺术创作的细节，让观众看到一部部经典诞生的幕后之旅，听到一个个细节创作的点点滴滴。

从第一次拿到最佳摄影奖的电影《黄土地》，到拿到最佳导演的《一个都不能少》，再梳理至《英雄》，节目在深入对话中逐渐走进张艺谋十擒“金鸡”的辉煌历史。同时，节目呈现了张艺谋曾为演好《老井》中奄奄一息的一场戏而三天三夜不吃饭的幕后细节，并探讨了他在不同电影中对女性人物刻画的理解和对中国传统文化元素以及色彩运用的感悟。

一座座金鸡奖杯，记录着电影人一路走来的光影成就。当张艺谋凭借《悬崖之上》在第 34 届中国电影金鸡奖中拿到第十座金鸡奖杯，他在获奖感言中笑称“实现了和蓝羽约定的十全十美”。然而，他在节目中也曾感慨电影越拍越难拍，拍出一部大家心目中的好电影越来越难。“所以要活到老学到老，更要下功夫，磨炼自己的技艺，端正态度，把它做好，向世界讲好中国故事。”

电影频道自创立以来，对于金鸡奖评选，获奖影人的报道从未间断，积累了大量珍贵的视频资料。此次《中国电影报道》推出的“金鸡奖访谈录”，是对中国电影金鸡奖的一次回顾总结，也借中国电影人的口述，为电影行业和未来留下珍贵记忆。

聚焦发展　讲好中国电影故事

中国电影始终跟祖国的发展息息相关。

金鸡奖四十多年历程，几代人用光影记录改革开放以来经济、社会和文化领域的巨大变革，见证了中国电影飞速发展。

一座座金鸡奖杯（《炮打双灯》《英雄》《十面埋伏》《唐山大地震》）记录了美术师霍廷霄一部部优秀的电影作品，也见证了中国电影美术行业的发展和进步。节目中，霍廷霄与观众分享了如何用色彩来讲故事。而面对蓝羽对行业自身发展的提问，霍廷霄有很多自己的感悟：在新的科学技术、数字化到来以后，美术应该怎么去跟科技结合，实际会更加重要。主要是要培养高端人才，不停地更新换代。视觉美学还有很多要继续研究……

在对话中，主持人蓝羽提问最多的一个话题是“电影行业最可贵的是什么？”三十九位电影人中很多人提到：热爱和努力。正是出于对电影的热爱，以及追逐梦想过程中的坚持与努力，令他们最终圆梦金鸡。

电影人对行业的持久热爱和对艺术的执着追求，还体现在他们在创作之路上步履不停，不断向“用跟上时代的精品力作开拓文艺新境界”看齐，不断“把艺术创造力和中华文化价值融合起来，把中华美学精神和当代审美追求结合起来，激活中华文化生命力”。

如荣获第32届金鸡奖最佳摄影奖的曹郁，在《妖猫传》中研镜头为墨，为电影里的中国山水染金碧之颜，着丹青之色；在《1921》

中以镜头为笔，将导演的文学语言描绘成银幕的光影诗意。

在对话金鸡获奖影人的过程中，节目也展现出电影前辈对后浪的提携，让更多观众看到了中国电影事业的薪火相传。

丁荫楠受到珠江电影制片厂原厂长孙长城大胆起用，执导的电影《孙中山》一举拿下最佳导演、最佳故事片等九项大奖；尹力在儿影厂原厂长于蓝的全力支持下，凭借导演处女作《我的九月》荣获第11届中国电影金鸡奖最佳儿童片奖；一向关注青年演员的倪萍，直言看完《送你一朵小红花》后，被易烊千玺“圈粉”了，称“以后每有他的电影我都看，这个孩子表演的可塑性很大”。

四十多年的金鸡岁月，是历史长河的一小步，却见证了中国电影的一大步。“金鸡奖访谈录”展现中国电影人对电影的初心、热爱和坚守的同时，带观众深入了解中国电影的光辉过去，并为中国电影的传播助力。